中国金融市场发展报告

2019

中国人民银行上海总部《中国金融市场发展报告》编写组

中国金融出版社

责任编辑：黄海清　童祎薇
责任校对：潘　洁
责任印制：程　颖

图书在版编目(CIP)数据

2019中国金融市场发展报告/中国人民银行上海总部《中国金融市场发展报告》编写组编. —北京：中国金融出版社，2020. 10

ISBN 978-7-5220-0776-2

I.①2…　II.①中…　III.①金融市场—研究报告—中国—2019　IV.①F832.5

中国版本图书馆CIP数据核字（2020）第159770号

2019中国金融市场发展报告

2019 ZHONGGUO JINRONG SHICHANG FAZHAN BAOGAO

出版发行　中国金融出版社

社址　北京市丰台区益泽路2号

市场开发部　（010）66024766，63805472，63439533（传真）

网 上 书 店　http：//www.chinafph.com

（010）66024766，63372837（传真）

读者服务部　（010）66070833，62568380

邮编　100071

经销　新华书店

印刷　北京松源印刷有限公司

尺寸　210毫米 × 285毫米

印张　10.25

字数　213千

版次　2020年10月第1版

印次　2020年10月第1次印刷

定价　106.00元

ISBN 978-7-5220-0776-2

如出现印装错误本社负责调换　联系电话（010）63263947

Committee 编写委员会

主　任：刘国强

副主任：邹　澜　金鹏辉

执行副主任：马贱阳　郑五福

成员（按姓氏笔画排序）：

王振营　孔　燕　刘　凡　刘　逖　何海峰　张翠微
周荣芳　荣艺华　梅云波　曹媛媛　韩　平　彭　明
蔡向辉

编写小组：

审稿：黄　宁　王浩年　江会芬　邢莹莹　郑玉玲　邝希聪

统稿：王家辉　胡迎春　叶可松　杨　婕　王丽洁　邹　琼
唐　烈　王　飞

执笔：第一章　俞亚莲　赵云霄
第二章　邓凌媛　郭文超　王雯珠　胡　孙　静
李元龙　李　鹰　沈艳兵　王　亮
第三章　侯海婷　李　源　何　瑾　王洪亮　王　赟
刘依然　李建云
第四章　李南竹　缪诗诗　吴夏倩　刘　伟　李清钰
殷明明　杨　琨
第五章　肖　婕
第六章　罗　江　谢国晨　黄　伟　陈志钦　曾梓梁
邹　琼　王丽洁　张一铮

第七章　常　明　向立力　何　苗

第八章　周庆武　郑如斯　肖　婕　刘　婷　孙碧波

　　　　黄　伟　常鑫鑫　冯　波　张　颂　贾　颖

　　　　郭辉铭　王风华　朱云玮　李彩云　吴　韵

附　录一、二　杨　婕

专题一　沈艳兵

专题二　沈艳兵　吴小蒙

专题三　李　源　陈　涛

专题四　侯海婷

专题五　陈历轶

专题六　梁玮佳

专题七　肖　婕

专题八　谢国晨

专题九　何　苗

专题十　徐　磊

专题十一　胡　慧　陈志钦

专题十二　冯夏宗　陈志钦

Contents 目录

第一章　总　论　1
一、2019年中国金融市场发展的宏观环境　1
（一）国际经济与金融形势　1
（二）国内经济与金融环境　5
二、2019年中国金融市场运行的主要特点　9
（一）金融市场规模继续扩大　9
（二）金融市场利率中枢下行　10
（三）改革与创新深入推进　10
（四）服务实体经济提质增效　10
（五）金融市场全方位对外开放步伐加快　10
（六）金融市场风险有效防控　11
三、2020年中国金融市场发展展望　11
（一）继续深化金融市场改革，完善基础制度建设　11
（二）加强金融科技创新，赋能金融服务提质增效　12
（三）提升金融管理制度化、法治化水平　12
（四）推进金融市场全面开放、提升国际化程度　12

第二章　货币市场　13
一、同业拆借市场　13
（一）运行情况　13
（二）运行的主要特点　14
（三）发展展望　16
二、债券回购市场　16
（一）运行情况　16
（二）运行的主要特点　18
（三）发展展望　22

三、同业存单市场 22
（一）运行情况 22
（二）运行的主要特点 22
（三）发展展望 25
四、票据市场 25
（一）运行情况 25
（二）运行的主要特点 28
（三）风险防控、创新及基础设施建设 29
（四）发展展望 30
专题一　票据市场产品创新硕果累累 31
专题二　票据市场风险新特点及防控机制建设 32

第三章　债券市场 34
一、运行情况 34
（一）债券一级市场 34
（二）债券二级市场 35
二、运行的主要特点 37
（一）债券市场全年窄幅波动 37
（二）信用债发行量显著增加 39
（三）债券交易量明显上升 39
（四）境外投资者数量快速增长 40
三、产品创新 40
（一）金融机构相关债券不断创新 40
（二）绿色债券创新加快 40
（三）债券指数及相关产品推陈出新 41
（四）推动定向债务融资工具债转股产品创新 42
（五）资产证券化市场监管细则进一步明确，产品创新积极推进 42
（六）以LPR为基准的债券成功发行 42

四、制度建设 43
（一）进一步加强债券发行市场管理 43
（二）持续完善债券交易市场管理 44
（三）加大风险防范和违约处置力度 45
（四）加强债券市场信息披露和信用制度建设 46
五、对外开放 47
（一）对外开放政策不断完善 47
专栏　进一步完善熊猫债发行制度 48
（二）市场定价、交易机制更加灵活健全 49
（三）对外开放融合度不断加深 50
专栏　中国债券市场逐步被纳入国际主流债券指数 50
六、发展展望 51
专题三　商业银行发行无固定期限资本补充债券 53
专题四　推进债券违约处置机制建设 54

第四章　股票市场 56
一、运行情况 56
（一）融资与发行情况 56
（二）交易与持股情况 57
（三）市场指数与波动性情况 57
二、运行的主要特点 58
（一）融资结构继续优化，科创企业支持力度加大 58
（二）市场运行重心上移，大盘股走势好于中小市值股 58
（三）市场运行呈现阶段性特点，风险偏好先高后稳 59
（四）对外开放持续推进，专业机构市场影响力有所提升 59
三、改革与创新 59
（一）设立科创板并试点注册制平稳落地 59
（二）修改上市公司股份回购和重大资产重组相关规定 59

（三）创新发展基金市场 60
（四）强化市场监管工作 60
（五）多措并举防范化解重大风险 62
四、双向开放 64
（一）进一步拓展互联互通机制 64
（二）积极推进资本市场对外开放 64
（三）稳步推进资本市场对内开放 65
（四）国际投资者服务与国际合作迈上新台阶 66
五、发展展望 67
专题五　完善科创板制度创新　推进资本市场制度建设 68
专题六　A股市场国际化水平提升 70

第五章　外汇市场 73
一、运行情况 73
（一）人民币汇率双向波动 73
（二）外汇市场交易量保持增长 74
二、运行的主要特点 74
（一）人民币对美元汇率弹性增强 74
（二）境内美元流动性充裕 74
（三）人民币外汇市场交易增速放缓 75
（四）外币市场保持较快发展 76
（五）市场参与者更为多元 76
（六）境外机构交易活跃 76
三、创新与制度建设 76
（一）外币货币市场产品序列不断丰富完善 76
专栏　推出以境内债券为抵押品的外币回购业务 76
（二）布局主经纪业务和自动化交易 77
（三）创新运用金融科技，助力交易辅助服务 77
（四）升级交易系统，优化业务功能 77

（五）推进制度建设，引导市场规范发展 78
（六）扩大市场对外开放 78
四、发展展望 78
专题七 深化境内外币市场建设 79

第六章 黄金市场 81
一、运行情况 81
（一）上海黄金交易所黄金交易情况 81
（二）上海期货交易所黄金期货和期权交易情况 83
（三）商业银行黄金业务开展情况 83
二、运行的主要特点 86
（一）黄金价格大幅走高，境内外价差水平扩大 86
（二）交易总规模继续增长，黄金投资类需求凸显 86
（三）实物黄金销售量下降，黄金回购业务发展较快 87
（四）金融机构间黄金业务合作增多，黄金市场分层有序发展 87
（五）黄金市场投资者结构优化，机构参与度提升 87
三、制度完善、基础设施建设和产品创新 87
（一）落实黄金市场制度规范，维护黄金市场秩序 87
（二）贴近市场需求，不断创新黄金产品 88
（三）完善黄金市场交易规则 88
（四）优化黄金市场基础设施服务 88
四、发展展望 88
专题八 黄金市场对外开放 89

第七章 保险市场 91
一、运行情况 91
（一）原保费收入 91
（二）赔款和给付支出 92
（三）保险业总资产 93

二、运行的主要特点 94
（一）行业持续加强保险服务 94
（二）行业积极转型回归本源 94
（三）风险抵御能力持续增强 94
（四）保险资金运用配置持续优化 95
三、市场创新 95
（一）深化改革，推动保险业高质量发展 95
（二）加强制度机制建设，推动农业保险高质量发展 96
（三）引导保险业更好服务实体经济，有效防范金融风险 97
（四）促进保险行业标准化建设，推动中国保险业健康发展 97
四、对外开放 98
（一）取消或放宽外资持股比例限制 98
（二）放宽外资机构准入条件 98
（三）优化外资机构监管规则 98
五、发展展望 99
专题九 发挥场内市场优势 推动健康保险供给侧结构性改革 100

第八章 衍生品市场 102
一、商品期货期权市场 102
（一）运行情况 102
（二）运行的主要特点 104
（三）创新与制度建设 105
（四）对外开放 105
（五）发展展望 106
二、金融期货期权市场 106
（一）运行情况 106
（二）市场的主要特点 108
（三）创新与制度建设 109

（四）对外开放 110
（五）发展展望 111
三、人民币利率衍生品市场 111
（一）运行情况 111
专栏 优化标准债券远期现金交割方案，激发市场活力 111
（二）运行的主要特点 112
（三）创新和制度建设 113
（四）发展展望 113
四、人民币信用衍生品市场 113
（一）运行情况 113
（二）场创新与制度建设 114
（三）发展展望 115
五、汇率衍生品市场 116
（一）运行情况 116
（二）运行的主要特点 116
（三）创新与制度建设 117
（四）发展展望 118
专栏 各交易模式协调发展，提升市场价格发现功能 118
六、场外大宗商品衍生品市场 119
（一）运行情况 119
（二）创新与机制建设 119
（三）发展展望 120
专题十 沪深300股指期权 121
专题十一 我国第4个对外开放期货品种——20号胶期货上市 122
专题十二 全球首个不锈钢期货上市，助力钢铁产业风险管理 123

附录一 2019年中国金融市场发展大事记 125
附录二 中国金融市场统计 130

第一章 总 论

2019年全球经济增长动力有所减弱，国际金融环境趋于宽松，国际金融市场走势分化。克服国内外经济金融影响因素增多的干扰，中国经济保持良好发展态势，经济运行表现出较强韧性。中国金融市场运行总体平稳，市场改革和创新不断深化，服务民营企业、小微企业等实体经济功能不断增强，全方位对外开放加速推进，市场化和法治化方式处置金融风险成效显著，金融市场保持健康发展态势。

一、2019年中国金融市场发展的宏观环境

（一）国际经济与金融形势

国际货币基金组织（IMF）于2020年初的《世界经济展望》中预估2019年全球经济增长率为2.9%，低于2018年3.6%的全球经济增长率，并下调2020年和2021年世界产出增长预测值，显示全球经济增长动力继续减弱。2019年全球金融环境趋于宽松，国际金融市场走势分化，波动加大。

1. 全球经济增长放缓

（1）全球经济增速整体趋缓

2019年全球经济扩展放缓，除英国和日本保持经济增长平稳外，发达经济体和发展中经济体增速下降明显。美国实际GDP增长率为2.3%，较上年下降0.6个百分点，各季度经季节调整的实际GDP年化增长率分别为3.1%、2.0%、2.1%和2.1% 。欧元区实际GDP增长率为1.2%，较上年下降0.8个百分点，各季度经季节调整的实际GDP年化增长率分别为1.4%、1.2%、1.3%和1.0%。日本实际GDP增长率为0.7%，与上年持平，但分季度看，前三季度GDP增长率达到年化2.1%，第四季度由于提高消费税率GDP增长率为-0.7%。英国克服“脱欧”等不利因素影响，实际GDP增长率为1.4%，较上年增加0.1个百分点。新兴市场与发展中经济体经济增长失速，增长率下滑明显。印度实际GDP增长率为5.0%，较上年下降1.8个百分点。巴西实际GDP增长率为1.1%，较上年下降0.3个百分点。俄罗斯实际GDP增长率为1.3%，较上年下降0.4个百分点。南非实际GDP仅增长0.2%，较上年下降1.3个百分点。

（2）全球贸易回落

2019年国际贸易摩擦加剧，全球贸易表现疲软，发达经济体、新兴市场与发展中经济体对外贸易回落。全球贸易活跃程度领先指标波罗的海干货运价指数（BDI）从年初

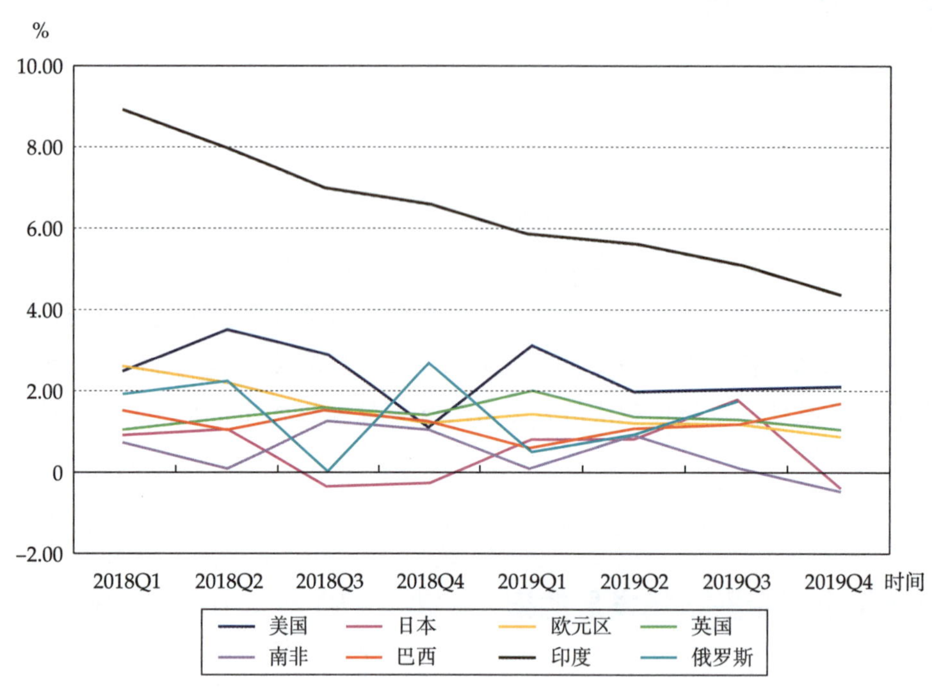

图1-1 2018—2019年主要经济体经济增速

（数据来源：Wind、美国经济分析局官网、英国统计局官网等）

的1 282点上升到9月4日的2 518点，此后回落至年末的1 090点，全年下跌15.0%。世界贸易组织预测，2019年全球商品贸易仅增长1.2%，大幅低于2018年3%的增长率。前三个季度，G20集团以美元计算的国际商品贸易出口环比分别增长0.2%、-1.9%和-0.7%，进口环比分别增长-1.1%、-0.8%和-0.9%。分经济体看，美国商品贸易出口环比分别增长0.5%、-1.1%和-0.2%，进口环比分别增长-2.0%、0.3%和-0.7%。欧盟28国商品贸易出口环比分别增长-0.9%、-1.7%和1.0%，进口环比分别增长-0.6%、-0.9%和0.1%。日本商品贸易出口环比分别增长-2.5%、-1.1%和-2.3%，进口环比分别增长1.4%、1.5%和-4.7%。英国商品贸易出口环比分别增长6.5%、-7.2%和-3.3%，进口环比分别增长5.2%、-12.6%和-1.6%。在新兴市场和发展中经济体方面，第三季度印度、韩国和印度尼西亚进口分别增长-9.7%、-2.3%和-0.4%，印度、韩国和印度尼西亚出口分别增长-3.1%、-0.4%和4.1%。

（3）国际直接投资保持平稳

尽管全球宏观经济表现疲软，投资环境与投资决策不确定性增大，但2019年全球外商直接投资（FDI）依然达到1.39万亿美元，较上年仅下降1%。分经济体看，发达经济体FDI流入额为6 430亿美元，较上年下降6%。其中，美国吸收外资2 510亿美元，仍是全球最大外资流入国。欧盟吸收外资3 050亿美元，同比下降15%。受脱欧影响，英国FDI流入额下降了6%。德国资金流入额逆势增长，较2018年增长了两倍，主要原因是跨国公司对其外国子公司的贷款增加。发展中经济体FDI流入额为6 950亿美元，与上年基本持平。其中，中国FDI流入额按美元计较上年增长2.4%，仍是外资最青睐的发展中国家和全球第二大外资流入国。拉丁美洲和加勒比地区的FDI流入额增长16%，非洲的FDI流入额增长3%。

（4）国际油价震荡上扬，大宗商品价格走势分化

2019年国际油价震荡上扬。第一季度，受主要产油国减产等因素影响，国际原油价格从2018年末的低点反弹，呈单边上涨走势；第二季度，受国际贸易争端加剧等因素影响，石油需求疲软，油价一路下跌；第三季度后，受地缘政治紧张等因素影响，国际油价大幅震荡上扬。美国西得克萨斯轻质原油（WTI）从年初的46.54美元/桶上涨至4月23日的66.30美元/桶的高点，此后一路下跌至6月12日的51.14美元/桶，第三季度后原油价格一路回升至年末的61.06美元/桶。全球大宗商品走势分化。有色金属方面，伦敦金属交易所（LME）A级铜由年初的5 842美元/吨攀升至4月17日的6 566美元/吨，最终收于年末的6 174美元/吨，较年初上涨5.68%。铝合金由年初的1 420美元/吨一度跌至9月4日的1 125美元/吨，年末收于1 335美元/吨，较年初下跌5.99%；锌报收2 272美元/吨，较年初下跌5.73%；铅报收1 927美元/吨，较年初下降1.43%；镍价格攀升至9月2日的18 060美元/吨，最终报收14 024美元/吨，较年初上涨28.97%。贵金属方面，国际金价自6月开始一路攀升，年末报收1 517.18美元/盎司，较年初上涨18.2%。在商品指数方面，RJ/CRB商品价格指数先升后降，从年初的170.19点上升至4月10日的189.68点，最终收于年末185.75点。粮农组织食品价格指数全年月平均值为171.42，较上年上升1.77%。

2. 全球金融环境趋向宽松，金融市场不确定性增加

（1）主要发达经济体货币政策趋向宽松

2019年美联储三次降息，将联邦基金利率目标区间下调至1.5%~1.75%的水平，并下调了超额准备金率，延长维持回购操作期。欧洲央行下调存款利率10个基点至-0.50%，并重启量化宽松政策（QE）。日本央行维持超宽松货币政策，短期利率继续维持-0.1%不变，并继续购买长期国债，使长期利率维持在零附近。英国和加拿大央行将利率分别维持在0.75%和1.75%不变。

（2）主要股票市场普遍上涨

2019年主要股票市场均不同程度上涨，明晟（MSCI）全球指数从年初的455.68点上升至年末的565.24点，涨幅达24.04%。在发达国家方面，美国标普500指数从年初的2 510.03点上涨至年末的3 230.78点，涨幅达28.71%。德国、法国、英国、日本股市分别较年初上涨25.22%、27.48%、12.00%和20.93%。在新兴经济体方面，阿根廷MERV指数波动较大，指数在8月9日达到44 355.09点的高位后快速跳水至8月12日的27 530.80点，随后又升至年末的41 671.41点，涨幅达34.01%。巴西、俄罗斯和南非股市分别上涨27.07%、27.04%和11.35%。

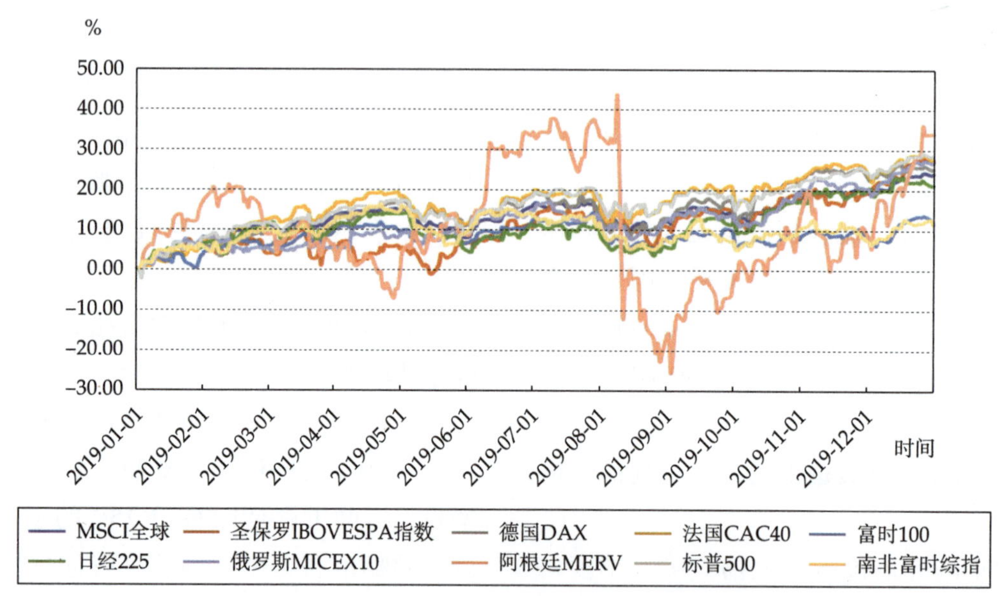

图1-2 2019年主要经济体股票指数涨幅走势

（资料来源：Wind）

（3）主要发达国家长期国债收益率下行

2019年美国10年期国债收益率从年初的2.69%降至8月28日的1.47%，最终回升至年末1.92%，全年跌幅为28.62%。英国10年期国债收益率从年初的1.33%下降至年末的0.89%，全年跌幅为33.32%。法国10年期国债收益率一度跌至0以下，年末回升至0.12%，全年跌幅为82.70%。德国10年期国债收益率从年初的0.25%下降至9月3日最低点-0.75%，最终年末收于-0.19%。日本10年期国债利率继续在0附近波动，从年初的0.037%下降至年末的-0.015%。

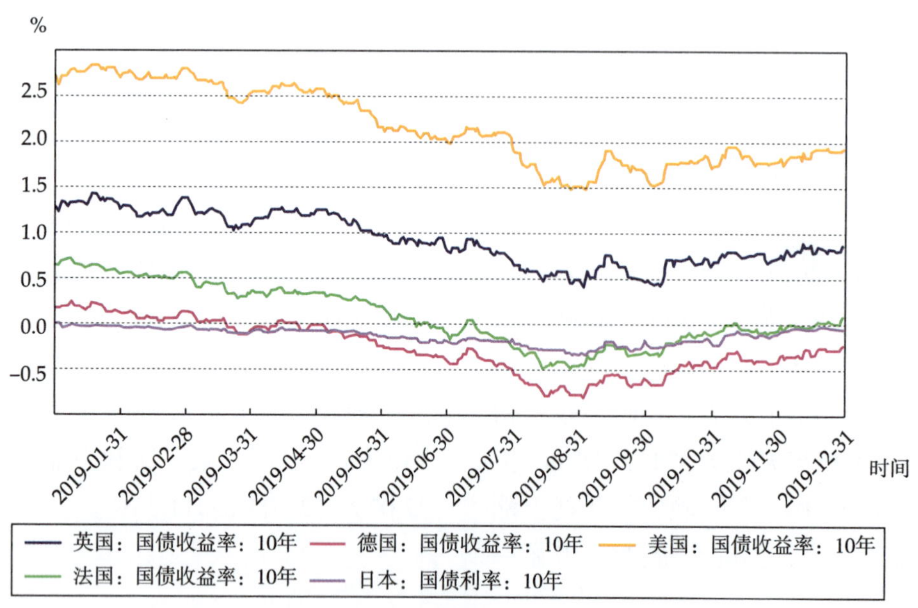

图1-3 2019年主要经济体10年期国债收益率走势

（资料来源：Wind）

（4）主要货币汇率走势分化

2019年末，美元指数收于96.45点，较年初增长0.34%，低于2018年4.14%的涨幅。主要货币对美元汇率涨跌不一：英镑、日元、马来西亚林吉特、墨西哥比索、南非兰特和俄罗斯卢布对美元升值，涨幅分别为4.01%、0.96%、0.92%、3.95%、2.81%和10.95%，欧元、巴西雷亚尔、印度卢比、土耳其里拉和阿根廷比索对美元贬值，贬幅分别为2.16%、3.57%、2.56%、12.91%和58.43%。

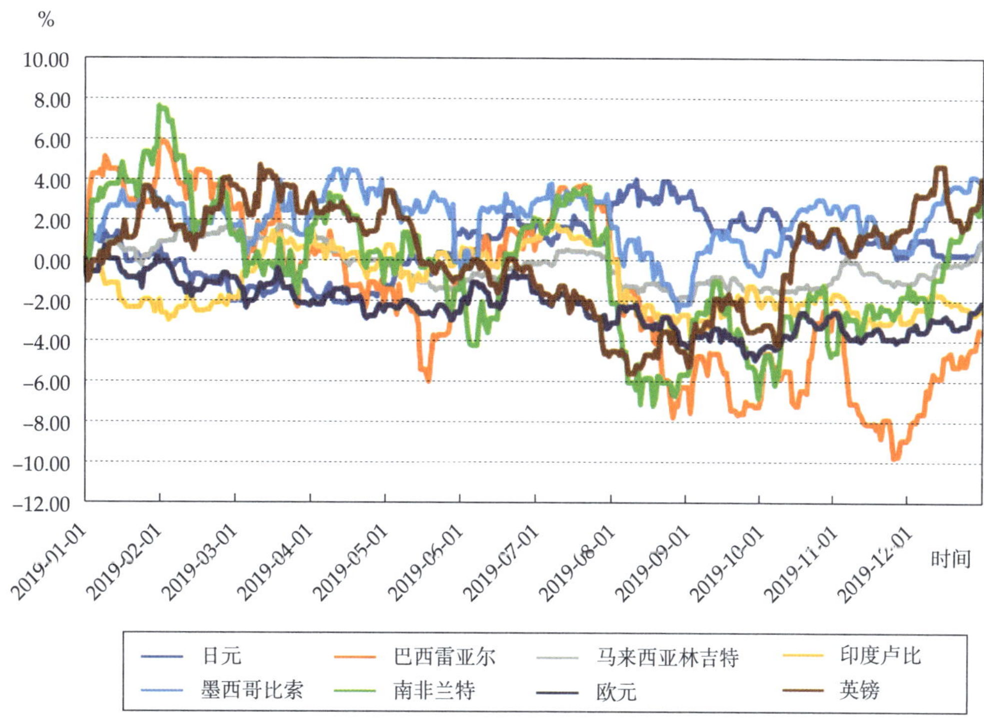

图1-4 2019年主要货币汇率走势

（注：以2019年初为基准）

（资料来源：Wind）

（二）国内经济与金融环境

2019年国民经济运行总体平稳，发展质量稳步提升。全年国内生产总值（GDP）增长6.1%，实现年初设定的6%~6.5%预期目标，为全面建成小康社会奠定坚实基础。货币政策保持稳健适度，保持银行体系流动性合理充裕，金融业对外开放步伐加快，金融监管协同联动机制进一步加强和完善，国内金融环境进一步优化。

1. 国内经济下行压力加大，但长期向好趋势不变

（1）经济运行稳中有进

据初步核算，2019年全国GDP接近100万亿元大关，达99.09万亿元，较2018年增加约9万亿元。全年居民消费价格（CPI）上涨2.9%，符合年初设定的3%左右预期目标。全年城镇新增就业1 352万人，完成全年目标的122.9%，连续7年保持在1 300万人以上。全国城镇调查失业率稳定在5.0%~5.3%，实现

了年初设定的低于5.5%后预期目标。2019年底，全国城镇登记失业率为3.62%，比上年末下降0.18个百分点，低于年初设定的4.5%目标。全年全国居民人均可支配收入30 733元，名义增速为8.9%，较上年加快0.2个百分点，实际增速为5.8%，与经济增长基本同步。对外贸易逆势增长，一般贸易占比继续提升。全年货物进出口总额315 446亿元，比上年增长3.4%。其中，出口总额172 298亿元，比上年增长5.0%；进口总额143 148亿元，比上年增长1.6%；进出口顺差为29 150亿元。一般贸易进出口总额占全部进出口总额的59.0%，比上年提高1.2个百分点。

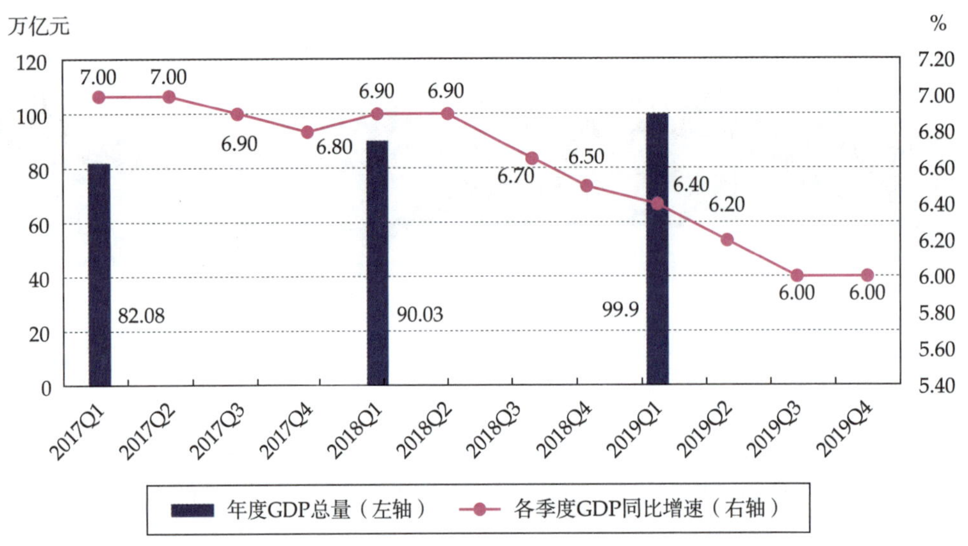

图1-5 2017—2019年GDP总量及各季度实际增速

（资料来源：国家统计局）

（2）经济结构持续优化

全国社会消费品零售总额411 649亿元，比上年增长8.0%。消费作为经济增长主动力作用进一步巩固，最终消费支出对国内生产总值增长的贡献率为57.8%，高于资本形成总额26.6个百分点。全国固定资产投资（不含农户）总额551 478亿元，比上年增长5.4%。分领域看，基础设施投资增长3.8%，制造业投资增长3.1%，房地产开发投资增长9.9%。民间投资总额311 159亿元，增长4.7%。高技术产业投资总额增长17.3%，快于全部投资11.9个百分点。其中，高技术制造业和高技术服务业投资分别增长17.7%和16.5%。全国规模以上工业增加值增长5.7%，高技术制造业和战略性新兴产业增加值分别比上年增长8.8%和8.4%，增速分别比规模以上工业快3.1个和2.7个百分点。全国服务业生产指数增长6.9%。其中，战略性新兴服务业、科技服务业和高技术服务业企业营业收入分别增长12.4%、12.0%和12.0%，增速分别快于全部规模以上服务业3.0个、2.6个和2.6个百分点；规模以上服务业企业营业利润增长3.5%。第三产业增加值占国内生产总值的比重为53.9%，比上年提高0.6个百分点，对国内生产总值增长的贡献率为59.4%。

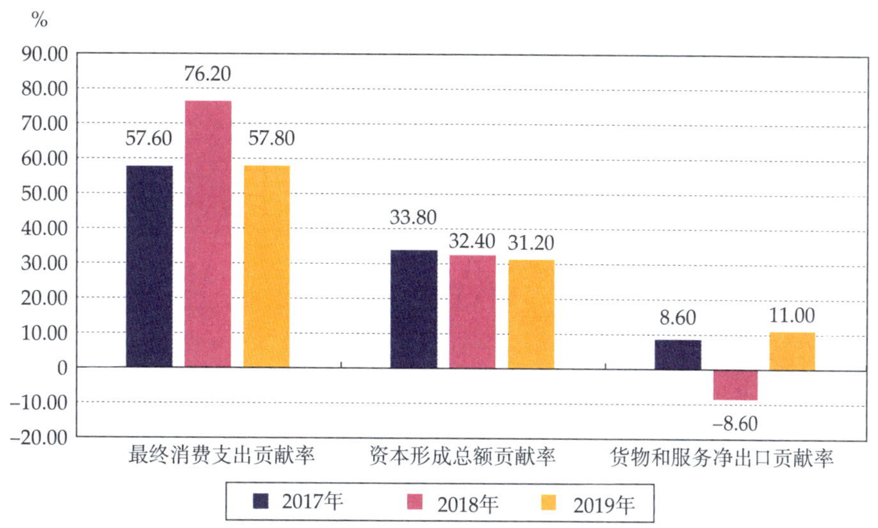

图1-6 2017—2019年三大需求对经济增长的贡献率

（资料来源：国家统计局、Wind）

2. 金融环境总体平稳，金融业质量稳中向好

（1）货币政策加强逆周期调节

2019年，中国人民银行坚持金融服务实体经济的根本要求，实施稳健的货币政策，加强逆周期调节，在多重目标中寻求动态平衡。一是保持银行体系流动性合理充裕。三次降低存款准备金率，为金融机构支持实体经济提供2.7万亿元长期资金。二是既稳总量又优结构。构建完善“三档两优”存款准备金框架，发挥再贷款、再贴现、宏观审慎评估等工具的作用。三是以我为主，兼顾对外均衡。人民币汇率双向波动，对美元汇率双向“破7”。四是用改革的办法疏通货币政策传导。改革完善贷款市场报价利率（LPR），推动存量贷款定价基准利率转换为LPR或固定利率，以永续债为突破口助力银行补充资本。五是牢牢守住风险底线。有针对性地处置个别中小银行风险，建立防范中小银行流动性风险的“四道防线”。总体看来，稳健的货币政策成效显著。2019年末，广义货币（M2）余额198.65万亿元，同比增长8.7%。社会融资规模存量为251.31万亿元，同比增长10.7%。2019年社会融资规模增量为25.58万亿元，比上年多增3.08万亿元。其中，对实体经济发放的人民币贷款增加 16.88万亿元，同比多增1.21万亿元。企业债券净融资3.24万亿元，同比多融资6 098亿元。

（2）金融业资产总量保持合理增速

2019年末，我国金融业机构总资产为318.69万亿元，同比增长8.6%。其中，银行业机构总资产为290万亿元，同比增长8.1%；证券业机构总资产为8.12万亿元，同比增长16.6%；保险业机构总资产为20.56万亿元，同比增长12.2%。金融业机构总负债为289.43万亿元，同比增长8.1%。其中，银行业机构总负债为265.54万亿元，同比增长7.7%；证券业机构总负债为5.81万亿元，同比增长20.4%；保险业机构总负债为18.08万亿元，同比增长10.8%。从经营成效看，2019年，商业银行累计实现净利润2.0万亿元，平均资本利润率为10.96%，平均资产利润率为0.87%。

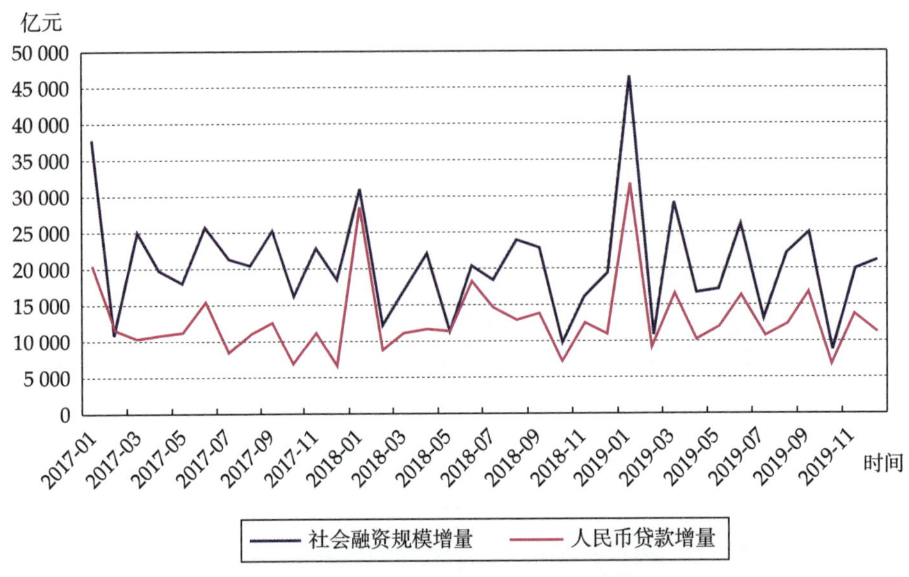

图1-7 2017—2019年社会融资规模增量统计

（资料来源：中国人民银行、Wind）

商业银行不良贷款余额为2.41万亿元，不良贷款率为1.86%，略高于上年的1.83%。133家证券公司实现营业收入3 604.83亿元，实现净利润1 230.95亿元，120家公司实现盈利。2019年，保险公司原保险保费收入4.3万亿元，同比增长12.2%。赔款与给付支出1.3万亿元，同比增长4.9%。保单件数高速增长，新增保单495.4亿件，同比增长70.5%。

3. 加强和完善金融宏观调控

2019年，国务院金融稳定发展委员会积极落实党中央、国务院关于金融工作的决策部署，统一协调各项金融经济政策重大事项，维护金融稳定，推动金融业长期健康发展。7月20日第六次会议强调，要继续实施好稳健货币政策，适时适度进行逆周期调节，保持流动性合理充裕；把握好处置风险的力度和节奏，坚持在推动高质量发展中防范化解风险；深化金融供给侧结构性改革，形成实体经济供给体系、需求体系与金融体系之间的三角良性循环。9月1日第七次会议强调，要疏通货币政策传导，保持社会融资规模合理增长；高度重视基础设施、高新技术、传统产业改造、社会服务等领域和新增长极地区的发展；鼓励银行利用更多创新型工具多渠道补充资本。9月29日第八次会议强调，要深化政策性金融机构改革；加快构建商业银行资本补充长效机制；进一步扩大金融业高水平双向开放，鼓励境外金融机构和资金进入境内金融市场。11月6日第九次会议强调，要深化中小银行改革，健全适应中小银行特点的公司治理结构和风险内控体系；坚持市场化、法治化原则，发挥好各类产业投资基金、创业投资基金的带动作用；加强金融基础设施统筹监管与建设规划。11月28日第十次会议强调，要多渠道增强商业银行特别是中小银行资本实力，完善防范、化解和处置风险的长效机制，保持金融体系稳健运行；引导私募基金行业规范健康发展。

4. 金融风险防范与处置进一步加强

金融管理部门实施防范化解重大金融风

险攻坚战行动方案，重点金融机构风险处置取得突破性进展。稳妥有序推进包商银行风险处置，积极推进恒丰银行、锦州银行改革重组。推动全面落实开发性、政策性金融机构改革方案，国家开发银行新一届董事会、中国进出口银行董事会、中国农业发展银行董事会均已成立并有效运转，继续推动其强化职能定位，加强风险防控。加大不良贷款暴露和处置力度，全年处置不良贷款约2万亿元，商业银行逾期90天以上贷款全部纳入不良资产管理。稳妥处置化解企业债务风险，健全债权人委员会工作机制，全国共成立债委会约1.92万家，实施市场化债转股1.4万亿元。继续拆解高风险影子银行，规范同业、理财、表外和信托业务，清理压缩脱实向虚、结构复杂、交叉传染的金融资产，影子银行和交叉金融风险持续收敛，三年来影子银行规模较历史峰值压降16万亿元。有效治理网络借贷风险，2019年末，全国实际运营网贷机构248家，较年初下降76%，机构数量、借贷余额及参与人数连续18个月下降。强化监管问责，全年处罚银行保险机构2 849家次，处罚责任人员3 496人次，罚没合计14.5亿元。

二、2019年中国金融市场运行的主要特点

2019年，中国金融市场运行总体平稳，金融市场改革深入推进，全方位对外开放步伐加快，运用市场化、法治化手段防范、化解金融市场重大风险取得良好成效，金融市场不断走向规范、创新、发展、开放。分市场看，货币市场交易活跃，利率有所下降，回购交易量有所增加；债券市场发行规模稳步扩大，现券交易量增加，收益率曲线呈陡峭化下移；利率衍生品市场成交金额回落，互换利率上行；股票市场主要指数上行，沪、深两市成交量增加；保险业保费收入增速回升，资产增速提高。

（一）金融市场规模继续扩大

2019年，银行间市场信用拆借、回购交易总成交量971.3万亿元，同比增长12.7%。银行间市场发行同业存单2.8万只，发行总量为 17.9 万亿元。金融机构发行大额存单5.04万期，发行总量为12.0万亿元，同比增加2.8万亿元。企业累计签发商业汇票 20.4万亿元，同比上升11.6%，金融机构累计贴现34.3万亿元，同比上升25.5%。债券市场共发行各类债券45.3万亿元，债券市场现券交易量217.4万亿元，同比增长38.6%[①]。上海黄金交易所市场总成交额28.76万亿元，同比增长33.18%，连续13年居全球场内黄金现货交易量第一。外汇市场累计成交1 454.3万亿元，同比增长15.2%[②]。2019年，沪、深两市累计成交127.4万亿元，日均成交5 222亿元，同比增长40.7%。A股筹资6 148亿元，同比增长11.2%[③]。2019年，商品期货与期权市场累计成交38.96亿手和220.99万亿元，同比分别增

① 数据来源：人民银行网站，《2019年金融市场运行情况》，2020年1月19日。
② 数据来源：《中国货币市场》，《2019年银行间市场运行报告》，2020年1月。
③ 数据来源：人民银行网站，《2019年第四季度中国货币政策执行报告》，2020年2月19日。

长29.78%和19.65%。2019年，保险业累计实现保费收入4.3万亿元，同比增长12.2%，比上年提高13.7个百分点；累计赔款、给付1.3万亿元，同比增长4.8%，其中财产险赔付同比增长10.3%。

（二）金融市场利率中枢下行

金融体系流动性充裕，市场利率中枢明显下行。2019 年末，货币市场隔夜拆借加权利率收于1.90%，较年初下降44个基点，全年利率极差720个基点，较上年缩窄660个基点。银行间市场1年期、3年期和5年期中债中短期票据（AAA）到期收益率分别为3.18%、3.43%和3.71%，较上年分别下降41个、38个和34个基点。1年期和10年期国债收益率分别为2.36%和3.14%，分别较上年末下行24个和9个基点。交易所市场3年期和5年期中证公司债（AAA）到期收益率分别为3.42%和3.72%，较上年同期分别下降46个和37个基点。2019年，银行间质押式回购加权平均利率为2.3%，同比下降34个基点。同业存单加权平均融资成本由年初的3.81%下降至3.20%。票据贴现加权平均利率为3.44%，较上年下降117个基点；转贴现加权平均利率为3.31%，较上年下降110个基点。

（三）改革与创新深入推进

2019年，人民银行支持商业银行发行永续债，并开展央行票据互换操作；发布长三角系列指数和境内首个CDS指数；成功发行以LPR为基准的债券和各类创新绿色债券；推出以上海清算所托管的境内债券为抵押品的外币回购业务；推出电子化服务平台iSupport；推出沪纽金延期产品，上市黄金期货期权产品，优化熊猫金币“易金通”提货物流配送；优化黄金租借和交割规则，延长交易时间；创设标准化票据。银保监会允许保险机构投资商业银行发行的无固定期限资本债券；深化人身保险费率形成机制改革，优化交强险监管，扩大农业保险覆盖面，实施保险业首个国家标准。证监会推动全国人大常委会通过新证券法；启动沪伦通、开通中日ETF；出台“重组”“分拆”上市新规，设立科创板并试行注册，深化新三板改革；扩大“保险+期货”试点，批准沪深交易所上市交易沪深300ETF期货合约。

（四）服务实体经济提质增效

2019年，公司信用类债券和地方政府债券分别发行9.73万亿元和4.36万亿元。银行间债券回购累计成交819.6万亿元，日均成交3.3万亿元，同比增长14.3%。银行间同业拆借累计成交151.6万亿元，日均成交6 065亿元，同比增长8.9%。金融机构累计贴现34.3万亿元，同比上升25.5%。制造业中长期贷款全年新增5 021亿元，同比多增 1 804 亿元。普惠小微贷款新增2.1万亿元，是上年增量的1.7倍。支持小微经营主体2 704万户，同比增长 26.4%。民营企业贷款增加3.8 万亿元，同比多增1.1万亿元。70家科创板企业在沪市上市，募集资金824亿元。47家高端技术企业在深市IPO融资410.59亿元。保险业赔款和给付支出12 894亿元，同比增长4.85%。

（五）金融市场全方位对外开放步伐加快

2019年，人民银行宣布，推出11条金融业对外开放措施。中国债券先后被纳入彭博巴克莱全球综合指数、摩根大通全球新兴市场政府债券指数。取消合格境外机构投资者（QFII）和人民币合格境外机构投资者（RQFII）投资额度限制，同时取消RQFII试点国家和地区限制。促进境内债券市场制度规则与国际体系有效衔接，缩减境外央行类机构入市流程周期。正式启用国际板深圳仓库，提升国际板黄金实物的供给效率。允许外资机构在华开展信用评级业务。证监会批准中日 ETF 互通中方产品申请，正式启动上海证券交易所和伦敦证券交易所互联互通存托凭证（GDR）业务。MSCI、富时罗素、标普—道琼斯指数先后将A股纳入其全球指标体系。取消合资证券公司、基金管理公司、期货公司外资股比限制。科创板试点红筹企业回归，全面推开H股“全流通”改革。20号胶期货正式挂牌交易，成为我国期货市场第四个对外开放品种。

（六）金融市场风险有效防控

2019年，人民银行推动修订完善《票据法》，明确电子票据的法律地位；上海票据交易所完善票据市场风险监测指标体系，探索建立商业汇票信息披露制度安排；推动建立银行间债券市场到期违约债券转让机制和回购违约担保品处置机制，丰富市场化债券违约处置方式；修订《投资人保护条款示范文本》（2019年版），加强债务融资工具市场信用风险防范；规范债券发行企业信息披露，建立发债企业ESG评价体系；发布《信用评级业管理暂行办法》，建立健全信用评级业统一监管的制度框架。银保监会制定《保险资产负债管理监管暂行办法》，推动行业转型和实现高质量发展；持续优化交强险监管，促进保障和服务功能进一步发挥；扩大农业保险覆盖面，推动农业保险高质量发展；发布保险行业首个国家标准。证券监管部门完善证券市场统计监测工作，提升市场风险预警能力；完善市场风险处置预案，健全重大风险防控体系；稳妥处置上市公司退市风险，提升上市公司质量；多举措防范化解股权质押风险，积极支持民营企业融资纾困。

三、2020年中国金融市场发展展望

2020年是全面建成小康社会和“十三五”规划收官之年。我国金融市场发展以习近平新时代中国特色社会主义思想为指导，全面贯彻党的十九大和十九届二中、三中、四中全会精神，认真落实中央经济工作会议精神，坚持稳中求进工作总基调，以新发展理念推动金融市场和信贷政策各项工作高质量发展。2019年底暴发的新冠肺炎疫情加大了中国经济下行压力，影响金融市场的不确定因素增多，但从长期来看，我国金融市场仍将保持健康平稳发展态势。

（一）继续深化金融市场改革，完善基础制度建设

充分发挥市场配置资源的决定性力量，继续深化金融体制改革，完善资本市场基础制度。加强同业存单发行人流动性状况监测，提升存单发行人信息披露质量。优化债券发行业务规则和管理制度，大幅简化审核流程，推进债券产品创新。完善债券回购定价机制和市场制度建设，丰富投资者类型，保障非银行金融机构和非法人产品资金需求。贯彻新证券法，完善资本市场法律法规体系。加大对商品指数期货、航运指数期货等指数类期货的研究开发力度，适时推出跨境利率互换、利率期权集中清算业务。加大

人民币利率衍生品和交易机制的创新力度，推动建立“大宗商品清算通”业务模式，丰富大宗商品衍生品产品序列。健全商业车险费率市场化形成机制，推进再保险市场建设，扩大巨灾保险试点范围，大力发展绿色金融，推出一批有利于环境保护的金融产品，提高环境污染强制责任保险的覆盖面与渗透率。

（二）加强金融科技创新，赋能金融服务提质增效

推进金融产品和服务的数字化、网络化和智能化，赋能金融服务提质增效。强化金融科技合理应用，以重点突破带动全局发展，规范关键共性技术的选型、能力建设、应用场景以及安全管控，全面提升金融科技应用水平，将金融科技打造成为金融高质量发展的“新引擎”。积极推进央行数字货币深入测试；提升票据市场资金清算效率和金融服务质量；守正创新，积极稳妥推进大数据、云计算、区块链在债券、票据等市场的应用和创新；健全外汇交易全生命周期信息管理，发挥交易平台对外汇市场业务创新发展的支持和引领作用；不断完善iDeal、iTrader和iSupport等周边辅助系统功能，充分发挥系统合力，通过全流程覆盖来提升电子平台的整体服务能力；以股票市场数字化新生态建设为基础，加快构建新型监管模式，进一步增强监管效能。

（三）提升金融管理制度化、法治化水平

将防范化解重大金融风险攻坚战向纵深推进，主动强化市场化约束机制，探索建立法治化风险处置长效机制。加强票据市场事中、事后管理，压缩不规范票据行为的生存空间，提高货币市场的稳健性。完善债券违约风险防范和处置机制，持续推进境内债券市场基础设施互联互通，加强银行间市场与交易所市场之间的制度衔接，统一监管标准，加强跨市场执法，提高风险排查的针对性，丰富市场化处置违约手段，严厉打击逃废债行为。加强金融基础设施统筹管理，规范黄金市场发展监管。维护互联网金融健康平稳发展。

（四）推进金融市场全面开放、提升国际化程度

稳健扩大金融开放，把已经部署的开放政策落实到位。研究推进新的金融开放政策，以更为开放的姿态推进境外金融机构参与我国市场。推动债券市场高水平对外开放，持续优化债券市场对外开放制度，便利境外投资者备案入市，逐步推动境内结算代理行向托管行转型，为境外投资者进入银行间债券市场提供多元化服务，研究制定交易所市场熊猫债管理办法。继续优化和创新境内外金融市场的互联互通机制，加强国内金融基础设施与境外机构的国际合作。推动“一带一路”金融服务支持的各项举措深入展开，更好地服务国家战略，提升中国金融市场的影响力和竞争力，推进形成金融市场开放的新格局。

第二章　货币市场

2019年，人民银行继续实施稳健的货币政策，货币市场总体运行平稳，市场交易规模持续扩大，市场交易主体呈现多元化。同业拆借市场、债券回购市场成交量继续增长，同业存单市场发行量和成交量有所下降，票据市场业务总量回升。市场利率总体呈下行态势，交易期限结构继续呈现短期化趋势。

一、同业拆借市场

2019年，同业拆借市场运行总体平稳，市场参与主体继续增加，交易规模继续增长，利率中枢下行，波动略有增加，交易结构仍以短期限品种为主。

（一）运行情况

2019年，同业拆借市场累计成交量为151.64万亿元，同比增长8.86%，日均成交量为6 065.49亿元，其中2月20日成交金额9 952.42亿元，为全年最高，2月3日成交金额774.49亿元，为全年最低。同业拆借全年加权平均利率为2.27%，同比下行32个基点，其中最高点为9月30日的3.10%，最低点为7月4日的1.00%。截至2019年末，市场成员共2 190家，较上年增加144家，其中银行1 338家、证券公司102家、保险公司53家、信托公司66家、财务公司236家、租赁公司66家、农联社282家、资产管理公司9家、汽车金融公司24家、消费金融公司13家、其他机构1家。

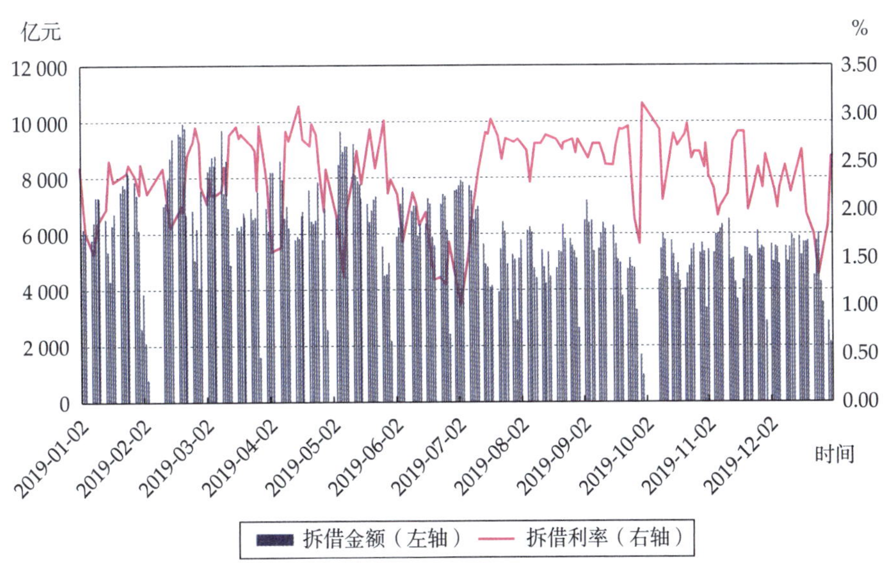

图2-1　2019年同业拆借日成交规模和利率走势

（二）运行的主要特点

1. 交易规模继续增长，增速有所放缓

2019年，同业拆借市场成交规模继续增长但增速放缓，交易量同比增速从上年的76.37%下降至8.86%。其中1—7月各月交易量较上年同期均呈增长态势，4月交易量同比增长78.92%，为全年最高。8—12月各月交易量较上年同期均呈下降态势，8月交易量同比下降24.44%，为全年最低。自2018年以来，货币市场流动性合理充裕，商业银行在对手方授信额度上有所增加，同时，受金融机构回购降杠杆等因素影响，部分回购交易转移到同业拆借品种。在这些因素综合作用下，同业拆借市场交易量增长较快。2019年下半年，受包商银行被接管事件影响，金融机构信用拆借交易趋向谨慎，同业拆借市场交易量有所下降，全年增幅随之走低。

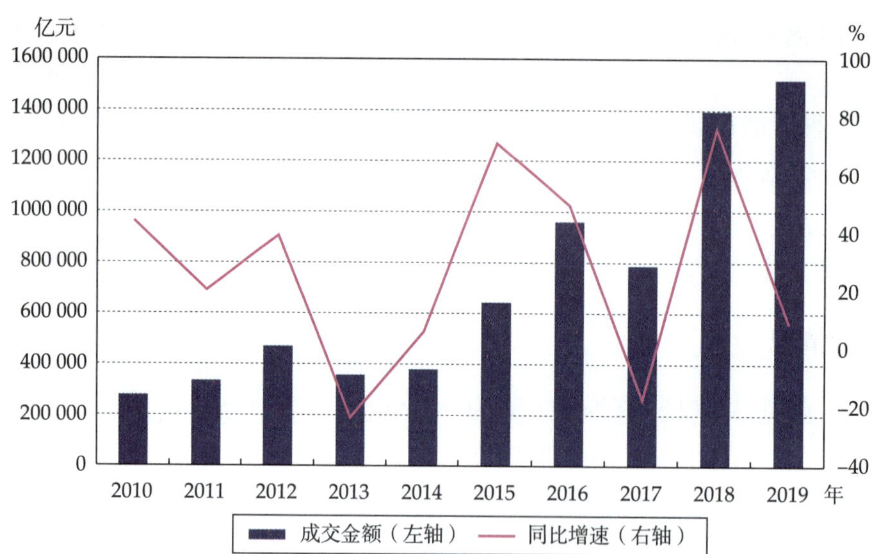

图2-2 2010—2019年同业拆借交易规模和增长率

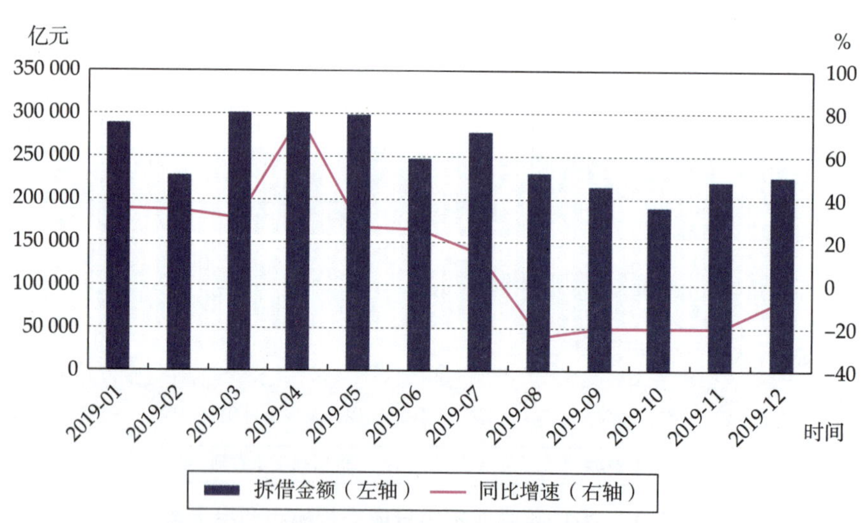

图2-3 2019年同业拆借月度交易规模和同比增速

2. 利率中枢呈下行态势

2019年，人民银行先后三次降低存款准备金并下调公开市场逆回购中标利率、中期借贷便利（MLF）利率，同业拆借利率整体呈现下行趋势。同业拆借全年加权平均利率较上年下行32个基点。2019年末，隔夜、7天拆借加权成交利率分别收于1.90%和2.85%，较年初分别下降了44个和78个基点。全年日加权成交利率极差为210个基点，较上年增加26个基点。

3. 隔夜交易占比进一步提升

2019年，同业拆借交易结构仍以短期品种交易为主。隔夜拆借交易占比为91.42%，较上年提升1.29个百分点，较2017年提升5.34个百分点。7天期拆借交易占比为6.63%，较上年减少0.76个百分点。14天至3个月期限拆借交易占比为1.83%，较上年减少0.47个百分点。3个月以上期限拆借交易占比为0.12%，较上年减少0.06个百分点。同业拆借交易更集中于隔夜品种，显示同业拆借在金融机构平补隔夜头寸的作用进一步增强。

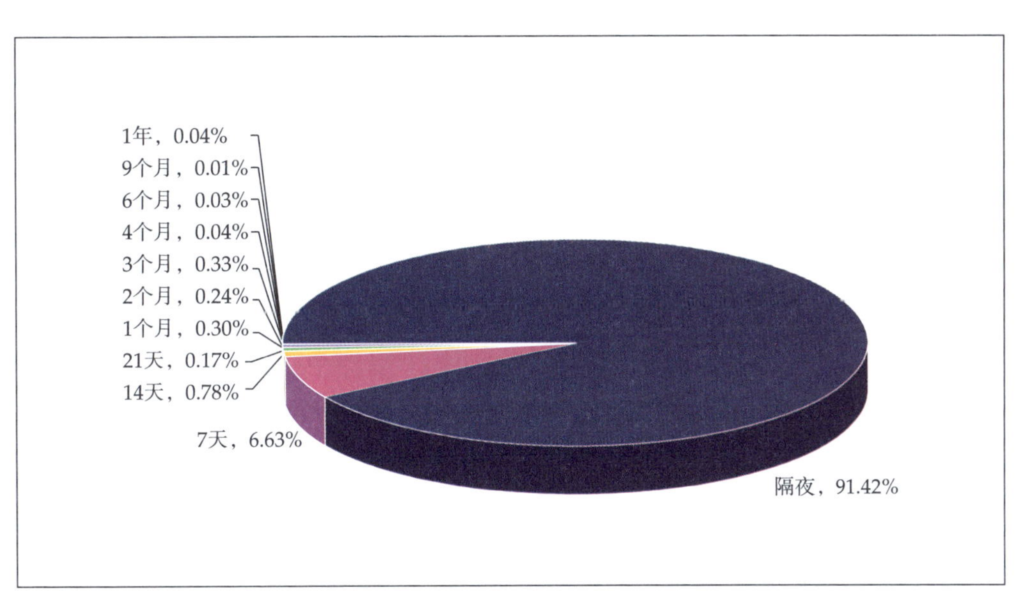

图2-4 2019年同业拆借交易期限结构

4. 股份制银行和城市商业银行双边交易活跃

2019年，同业拆借市场交易主体仍以银行类机构为主，占交易总量的86.77%。其中，股份制商业银行、城市商业银行、大型商业银行的交易量分别为128.45万亿元、47.48万亿元和38.53万亿元，占比分别为42.36%、15.66%和12.71%。股份制银行和城市商业银行作为同业拆借市场两大交易主体，通过活跃的拆入拆出交易，在同业拆借市场中起到了资金融通中介的作用。

全年，同业拆借市场的主要资金净拆出方是大型商业银行、政策性银行和股份制银行，净拆出量分别为25.84万亿元、11.09万亿元和10.24万亿元，分别占到净拆出总量的50.75%、21.79%和20.11%；主要资金净拆入方是证券公司、城市商业银行和财务公司，净拆入量分别为25.84万亿元、14.43万亿元和7.44万亿元，分别占到净拆入总量的50.76%、28.35%和14.62%。

（三）发展展望

2020年，同业拆借市场将保持平稳健康运行。一是市场分层更加合理，交易结构逐步优化，进一步发挥货币政策传导平台的基础作用。二是市场基础设施更加完善，资金清算效率继续提高，更好地为金融机构提供流动性管理工具服务。三是进一步加强市场事中事后管理，强化市场风险防范，保障市场平稳发展。

二、债券回购市场

2019年，人民银行继续实施稳健的货币政策，银行体系流动性保持合理充裕，债券回购市场总体运行平稳。回购交易规模持续扩大，回购利率总体下行，利率波动有所下降，各期限结构保持稳定，短期限品种占主导，利率债运用占比提升，非银融入需求明显增加。

（一）运行情况

2019年，债券回购市场累计成交1 058.65万亿元，同比增长11.0%。其中，银行间回购市场累计成交占比为77.42%，较2018年增加1.6个百分点；交易所回购市场累计成交占比减少至22.6%，较2018年下降1.9个百分点。

1. 银行间债券回购市场运行情况

2019年，银行间债券回购市场累计成交819.63万亿元，同比增长13.4%，增速较上年下降3.8个百分点。其中，质押式回购成交810.09万亿元，同比增长14.3%；买断式回购成交9.54万亿元，同比下降31.9%。质押式回购交易量在回购市场中的占比进一步提升至99%。

2019年，银行间回购市场利率中枢总体下移，波动幅度较上年有所下降。其中，质押式回购加权平均利率为2.30%，同比下降36个基点。利率极差为200个基点，同比减少98个基点；买断式回购加权平均利率为2.35%，同比下降65个基点。利率极差为211个基点，同比减少203个基点。两类回购利率的价差收窄至5个基点，较2018年减少36个基点。

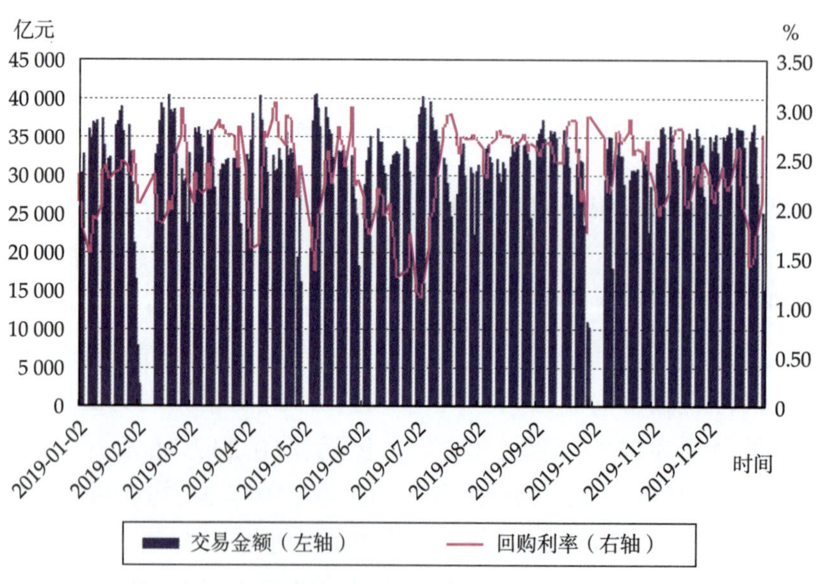

图2-5 2019年银行间市场质押式回购成交量价格

（数据来源：中国外汇交易中心）

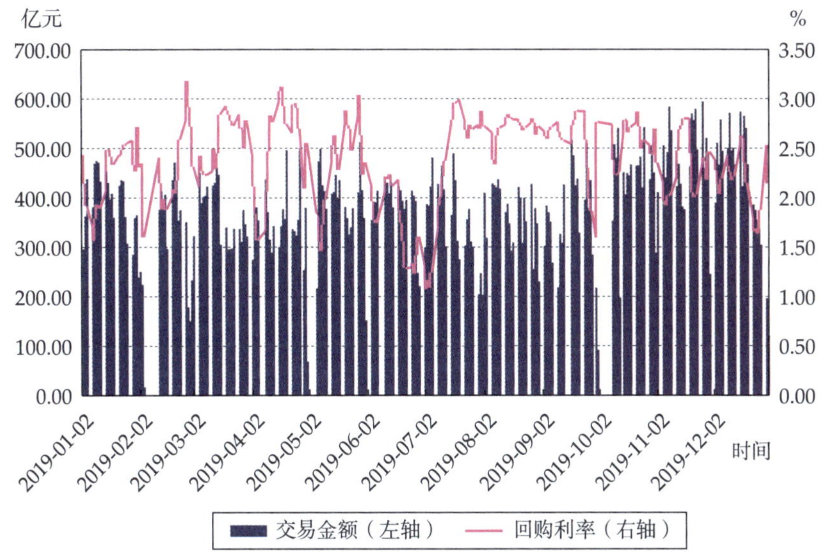

图2-6 2019年银行间市场买断式回购成交量价格

（数据来源：中国外汇交易中心）

2. 交易所债券回购市场运行情况

2019年，交易所债券回购市场累计成交239万亿元，同比增长3.5%。其中，上海证券交易所债券回购累计成交215.37万亿元，同比增长1.6%；深圳证券交易所债券回购累计成交23.64万亿元，同比增长24.4%。质押式回购累计成交233.27万亿元，同比增长3.2%，质押式协议回购累计成交2.43万亿元，同比减少19.1%。

交易所质押式回购市场利率总体下行。其中，上海证券交易所1天回购定盘平均利率为2.69%，同比下降62个基点，7天回购定盘平均利率为2.77%，同比下降70个基点；深圳证券交易所1天回购加权平均利率为2.64%，同比下降66个基点，7天回购加权平均利率为2.80%，同比下降72个基点。

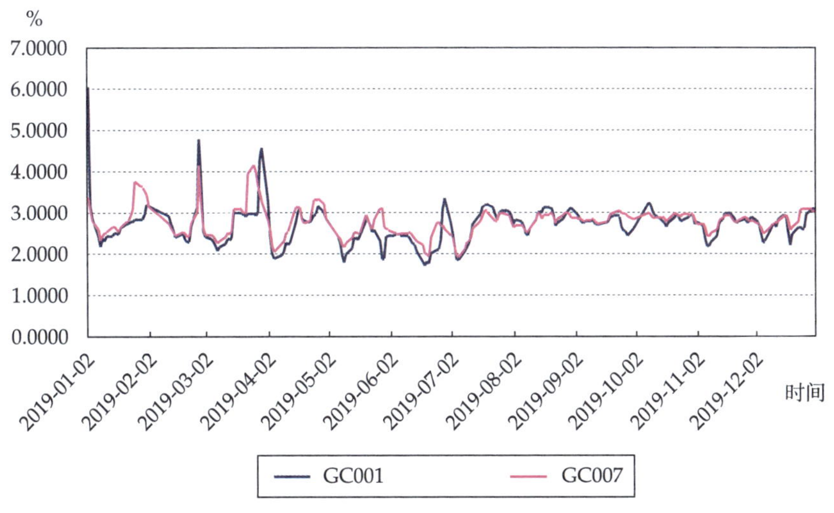

图2-7 2019年上海证券交易所质押式回购定盘利率走势

（数据来源：上海证券交易所）

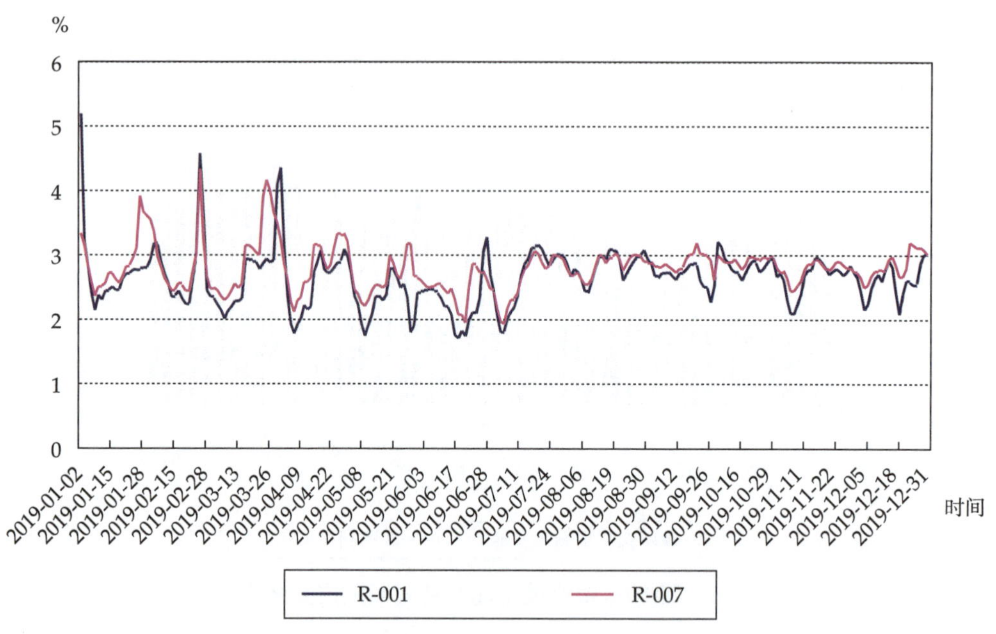

图2-8 2019年深圳证券交易所质押式回购利率走势

（数据来源：深圳证券交易所）

（二）运行的主要特点

1. 银行间质押式回购交易规模持续增长

2019年，银行间回购交易量同比增加239.02万亿元，其中质押式回购交易量同比增长14.3%，增速较上年的20.5%有所放缓；买断式回购交易量延续2018年的下滑趋势，成交量较上年减少4.46万亿元，同比下降31.9%。

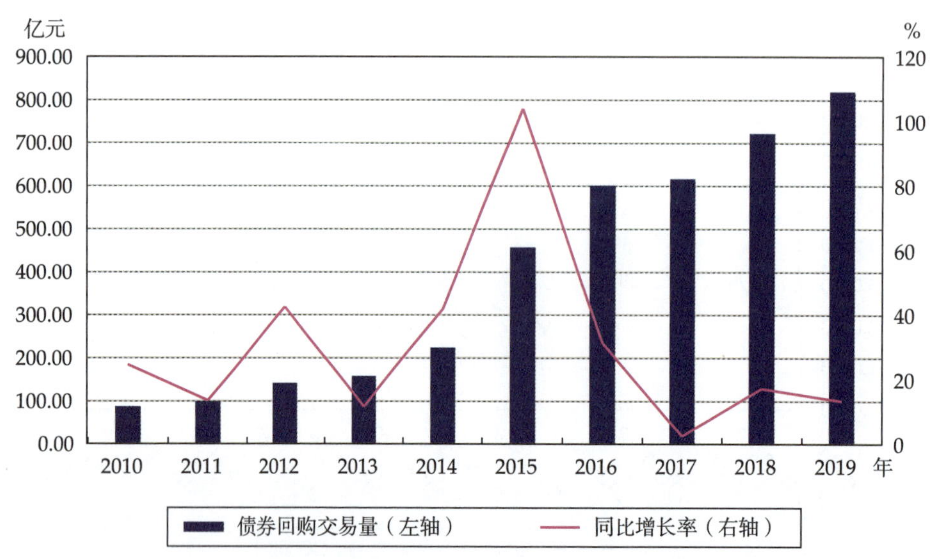

图2-9 2010—2019年银行间市场债券回购交易规模及增长率

（数据来源：中国外汇交易中心）

2. 短期限品种占主导且占比增加

银行间市场方面，交易期限结构总体保持稳定，短期限品种占主导且占比有所增加。质押式回购全年加权平均回购期限为2.5天，较上年减少0.3天；7天（含）以内的质押式回购交易占比为94.88%，较2018年增加1.2个百分点。交易所市场方面，沪深两市7天（含）以内的质押式回购交易占比分别为96.0%和98.9%，较2018年分别增加了0.2个和7.1个百分点。

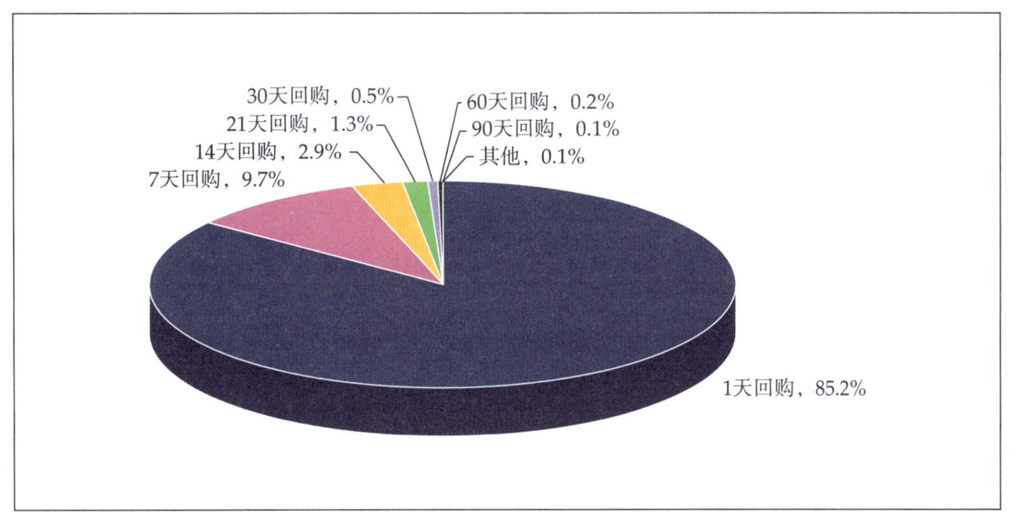

图2-10 2019年银行间市场质押式回购交易期限结构

（数据来源：中国外汇交易中心）

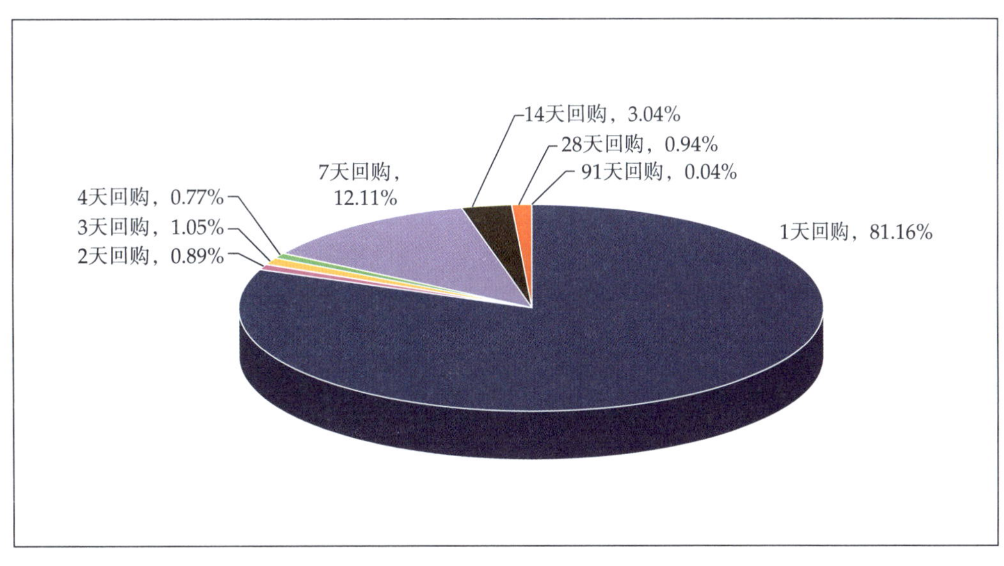

图2-11 2019年上海证券交易所质押式回购交易期限结构

（数据来源：上海证券交易所）

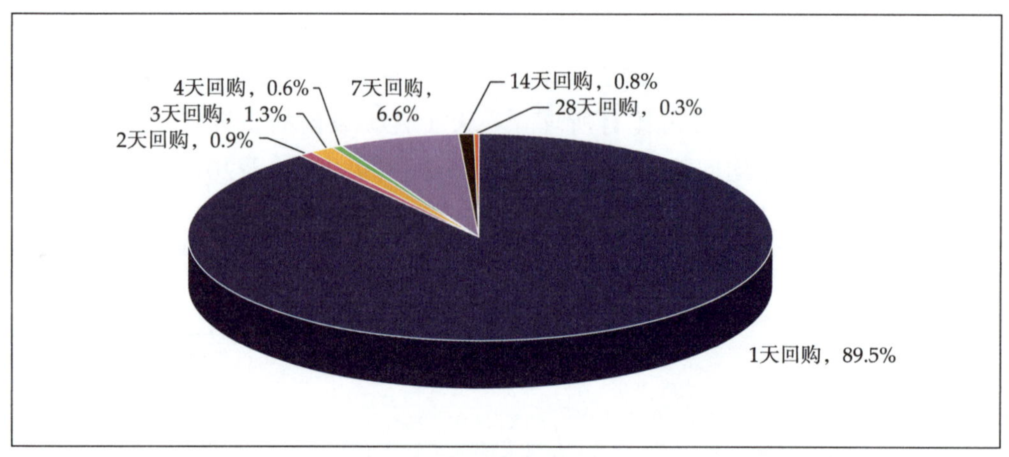

图2-12　2019年深圳证券交易所质押式回购交易期限结构

（数据来源：深圳证券交易所）

3. 高信用等级债券运用占比提升

银行间回购市场中以高信用等级债券作为押品的交易占比有所提升。在质押式回购市场中，以利率债为押品的交易量约占交易总量的73%，同比增加3个百分点；以信用债为押品的交易中，以AAA级为押品的交易量约占交易总量的72%，同比增加约7个百分点。在买断式回购市场中，以利率债为押品的交易量约占交易总量的80%，同比增加14个百分点；以信用债为押品的交易中，以AAA级为押品的交易量约占交易总量的81%，同比增加约20个百分点。

交易所回购市场质押券结构持续优化。在上海证券交易所的质押券中，利率债占比为16.45%，同比下降2.9个百分点；AAA级信用债占比为67.84%，同比提高5.6个百分点。利率债和AAA级信用债合计占比为84.29%，同比增加2.7个百分点。在深圳证券交易所的质押券中，利率债占比为15.44%，同比增加3.9个百分点；AAA级信用债占比为75.03%，同比增加13.9个百分点。利率债和AAA级信用债合计占比为90.47%，同比增加17.9个百分点。

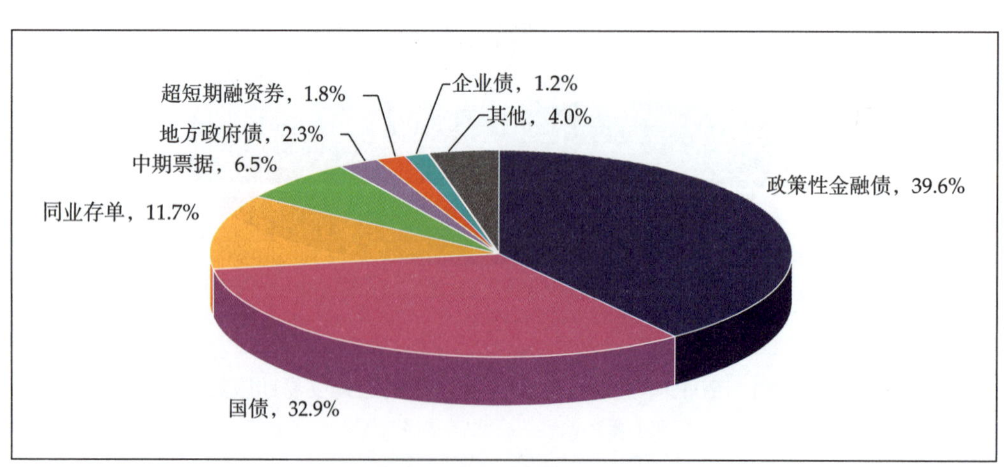

图2-13　2019年银行间市场质押式回购质押券结构

（数据来源：中国外汇交易中心）

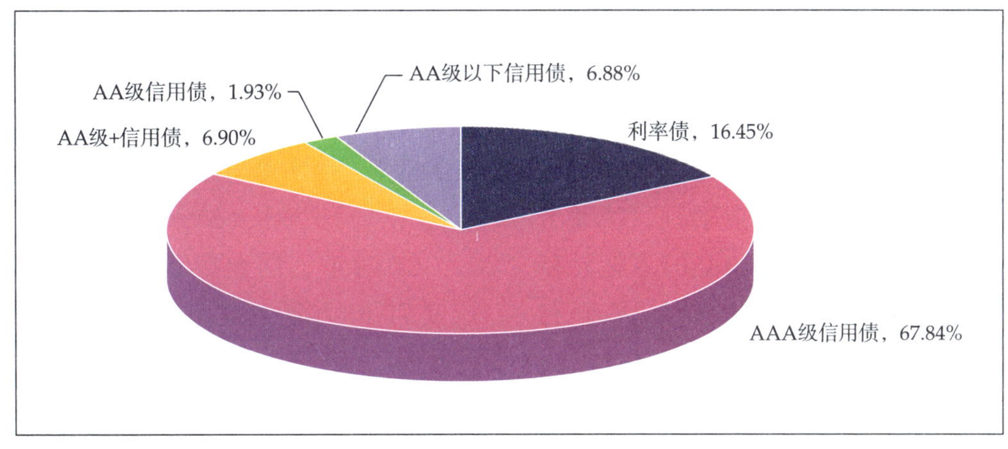

图2-14 2019年上海证券交易所质押式回购质押券结构

（数据来源：上海证券交易所）

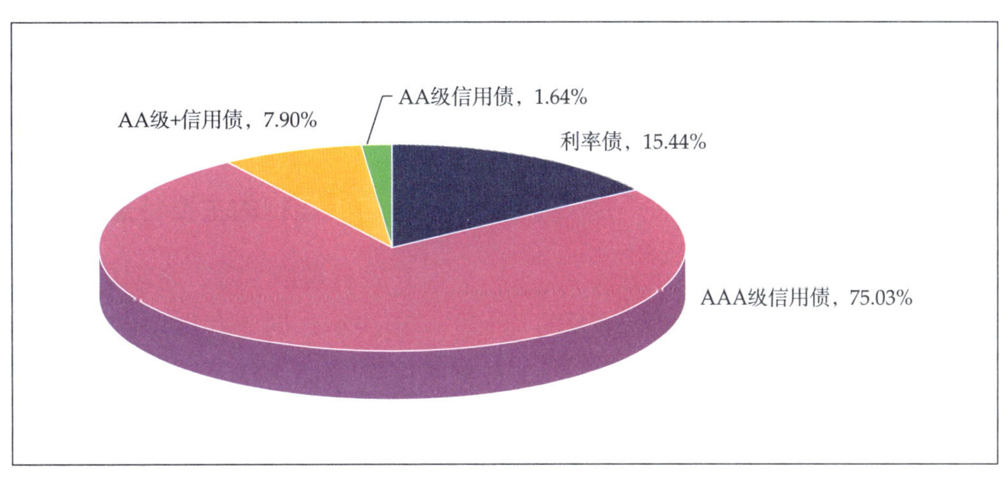

图2-15 2019年深圳证券交易所质押式回购质押券结构

（数据来源：深圳证券交易所）

4. 回购市场利率波动继续分化

2019年，银行间债券回购市场利率波动率有所分化。其中，质押式回购利率日加权平均利率的标准差为0.44，同比增加0.07；买断式回购利率日加权平均利率的标准差为0.44，同比下降0.09。

交易所回购市场利率平稳性有所提升。其中，上海证券交易所1天质押式回购定盘利率的标准差为0.47，同比下降0.94；7天质押式回购定盘利率的标准差为0.35，同比下降0.75。深圳证券交易所质押式回购利率日加权平均利率标准差为0.34，同比下降0.65。

5. 非银行金融机构及其产品是回购市场的主要资金融入方

资金融入方面。2019年，银行间回购市场净融入资金位列前三的分别是证券公司、基金公司和投资产品，净融入资金量分别为69.37万亿元、44.70万亿元和21.89万亿元。截至2019年末，上海证券交易所回购市场的净融入资金未到期余额前三名为资管产品、券商自营、保险，占比分别为24.30%、20.91%和13.88%。深圳证券交易所回购市场的资金融入量前三名为券商自营、基金专户和公募基金，交易量占比分别为37.07%、20.31%和12.24%。

资金融出方面。2019年，银行间回购市场净融出资金位列前三的分别是大型商业银行、政策性银行和股份制商业银行，净融出资金量分别为112.21万亿元、90.07万亿元和64.86万亿元。此外，中小型银行融出资金有所增加，全年累计融出309万亿元，同比增长21%，净融出规模32万亿元，同比减少60%。截至2019年末，上海证券交易所回购市场的净融出资金未到期余额前三名分别为一般法人、公募基金、个人，占比分别为50.43%、15.49%和14.79%。深圳证券交易所回购市场的资金融出量前三名分别为个人投资者、一般机构和公募基金，交易量占比分别为85.24%、4.20%和3.51%。

（三）发展展望

在稳健的货币政策下，我国银行体系的流动性将继续保持合理充裕，债券回购市场将继续保持平稳发展，回购利率水平合理低位运行，期限分布仍以短期品种为主，投资者类型将进一步丰富，非银行金融机构和非法人产品资金需求将保持稳定，回购定价机制和市场制度建设将更加完善，金融服务实体经济能力不断提升。

三、同业存单市场

2019年，同业存单市场发行规模明显下降，发行利率继续下行，发行期限有所拉长，二级市场成交规模有所下降，市场参与主体呈现多元化。

（一）运行情况

2019年，共418家机构发行同业存单，较上年减少93家；发行数量2.78万只，较上年增加0.05万只；发行金额17.93万亿元，同比下降15.10%；认购主体数量3 383家，较上年减少295家，涉及39种机构类型；年末余额10.74万亿元，同比增长8.27%。

2019年，同业存单二级市场交易累计成交61.68万笔，成交金额145.08万亿元，同比减少3.19%。其中，交易方式以质押式回购为主，成交金额94.39万亿元，同比增长1.64%，占总成交金额的65.06%；以现券买卖方式达成交易50.41万亿元，同比减少9.24%，占总成交金额的34.75%；以买断式回购方式达成交易0.27万亿元，同比减少80.99%，占总成交金额的0.19%；以债券借贷方式达成交易12.90亿元。

（二）运行的主要特点

1. 发行规模下降，余额基本保持稳定

2019年，同业存单发行规模出现下降，同比降幅为15.10%，全年季度平均发行金额为4.48万亿元，呈现逐季递增的趋势，第一至第四季度发行金额分别为4.03万亿元、4.32万亿元、4.55万亿元和 5.03万亿元。由于同业存单发行利率长期处于历史低位，发行人为拉低负债水平和改善监管指标，选择拉长同业存单的发行期限，使得用于跨季需求的短期限存单发行量有所减少。

2019年，同业存单余额一直保持10万亿元左右的水平，仅在6月出现明显负增长，年末存单余额达到10.74万亿元的历史最高水平。从发行机构看，国有大行存单余额增长明显，股份制银行的存单余额稳中有升，AAA级城商行与农商行余额则基本保持稳定，低评级存单余额则出现了较为明显的下降。

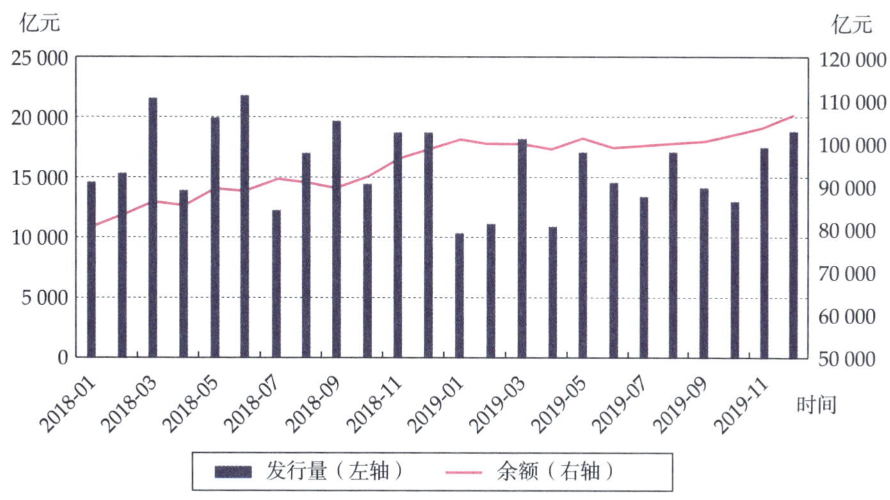

图2-16　2019年同业存单月发行情况

（数据来源：中国外汇交易中心）

2019年，同业存单发行量排名前三位的分别为城市商业银行、股份制商业银行和大型商业银行，占比分别为40.67%、34.23%和12.91%，较上年分别下降0.72个、下降5.28个和上升4.80个百分点。农村商业银行和农村合作银行占比为11.21%，较上年上升1.03个百分点。

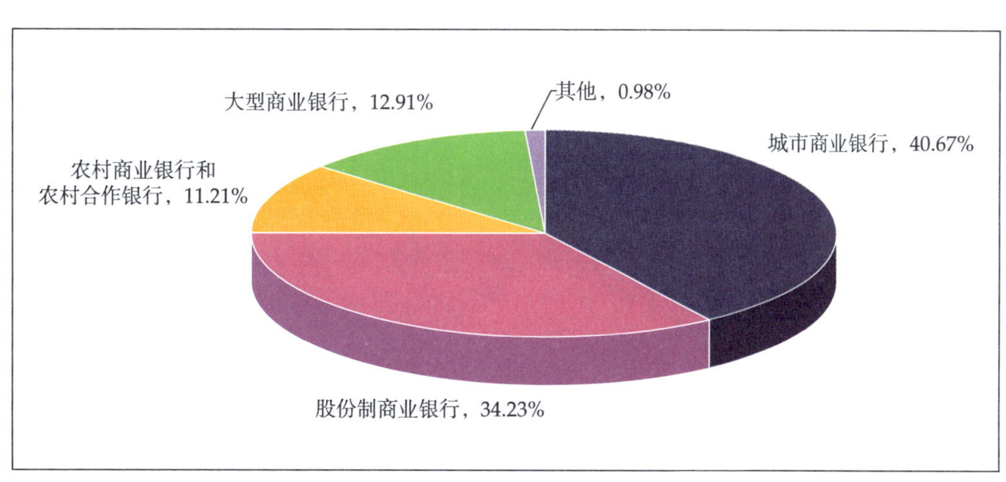

图2-17　2019年同业存单发行主体结构

（数据来源：中国外汇交易中心）

2. 发行利率总体下行，波幅收窄

2019年，同业存单加权平均融资成本由年初的3.81%下降至3.20%。3个月期同业存单的年加权平均利率达历年来的最低值，为2.97%，较上年下降109个基点。作为市场标杆的股份制商业银行3个月期同业存单的发行利率波动区间为2.45%~3.2%，较上年波动区间3%~5.05%大幅下移，波幅较上年收窄130个基点。

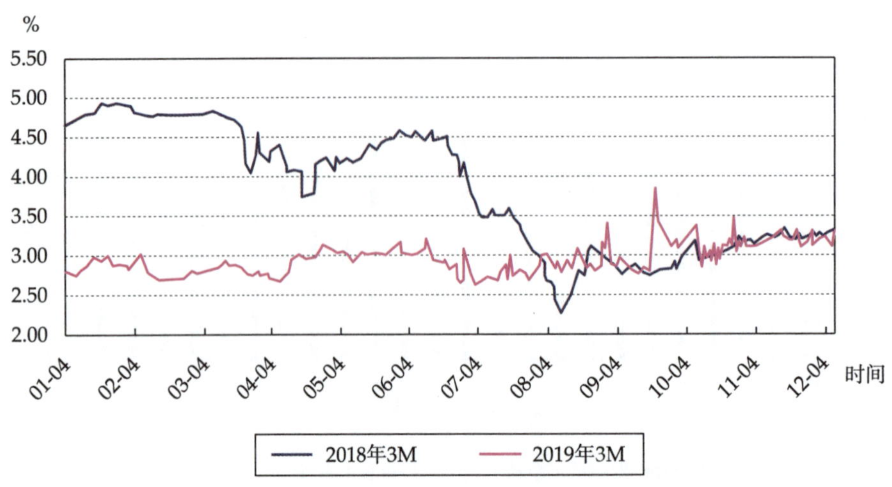

图2-18 2018年与2019年3M同业存单利率走势

（数据来源：中国外汇交易中心）

3. 长期限存单发行量占比提升

2019年，1年期同业存单发行量占比为39.12%，较上年增加18.76个百分点。6个月与9个月存单发行量占比分别为11.33%和6.14%，较上年分别下降5.99个百分点和6.97个百分点。1个月和3个月存单发行量占比分别为14.45%和28.96%，较上年分别上升2.67个和下降8.48个百分点。

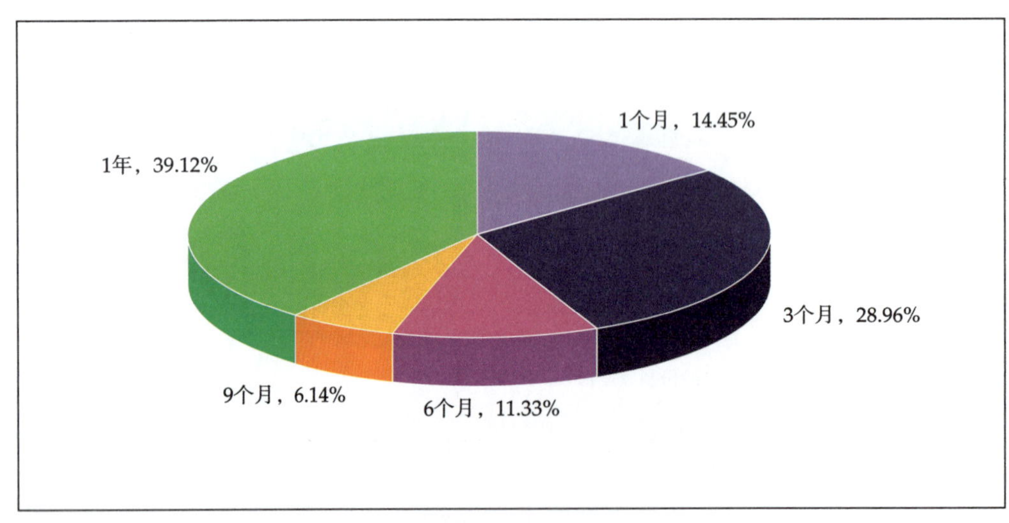

图2-19 2019年同业存单发行期限结构

（数据来源：中国外汇交易中心）

4. 基金和理财产品是同业存单二级市场最大的净买入方

2019年，同业存单二级市场全年季度平均成交金额为36.27万元，在现券市场中交易占比为23.66%，排名第二。从机构类型看，净买入最多的是基金，金额达1.06万亿元，占净买入总量的27.94%，其次是理财产品和政策性银行，占比分别为15.47%和12.45%。净卖出最多的是城市商业银行，金额达1.75万亿元，占净卖出总量的46.37%，其次是证券公司与股份制银行，占比分别为26.39%和18.22%。

（三）发展展望

2020年，同业存单市场将保持平稳发展。在流动性合理充裕、市场利率下降背景下，同业存单发行利率将维持在低位区间；发行期限或将继续拉长；市场建设将进一步完善，发行人流动性状况监测加强，存单发行人特别是中小发行人的信息披露质量提升，进一步推动同业存单市场健康发展。

四、票据市场

2019年，票据市场总体运行平稳，票据业务总量回升，承兑业务稳步增长，贴现业务增长较快，市场交易活跃，票据利率有所下降，再贴现规模大幅增长，票据市场业务和产品创新加速推进。市场信用分化明显，票据市场风险防控进一步加强。票据市场面对经济下行压力加大的挑战，发挥了服务实体经济尤其是民营及中小企业发展的重要作用。

（一）运行情况

1. 票据承兑量稳步增长

2019年，全市场累计签发承兑票据20.38万亿元，同比增长11.55%；年末承兑余额12.73万亿元，比年初增长15.27%。其中，电子商业汇票累计签发承兑19.96万亿元，占比为97.94%；纸质商业汇票累计签发承兑0.42万亿元，占比为2.06%。银行承兑汇票累计签发承兑17.36万亿元，占比为85.18%；商业承兑汇票累计签发承兑3.02万亿元，占比为14.82%。票据签发承兑量在社会融资规模中的占比为5.07%，比上年提高0.2个百分点。

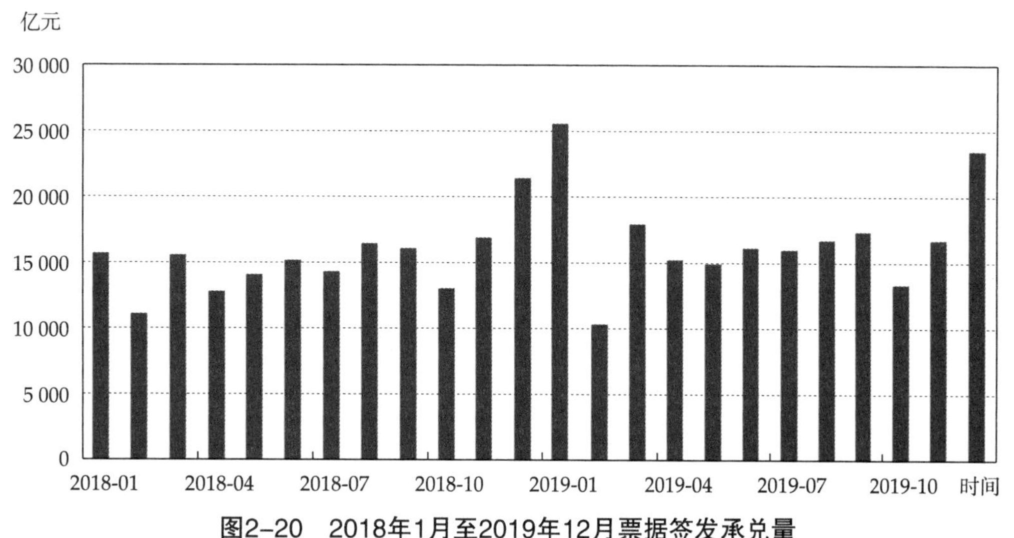

图2–20 2018年1月至2019年12月票据签发承兑量

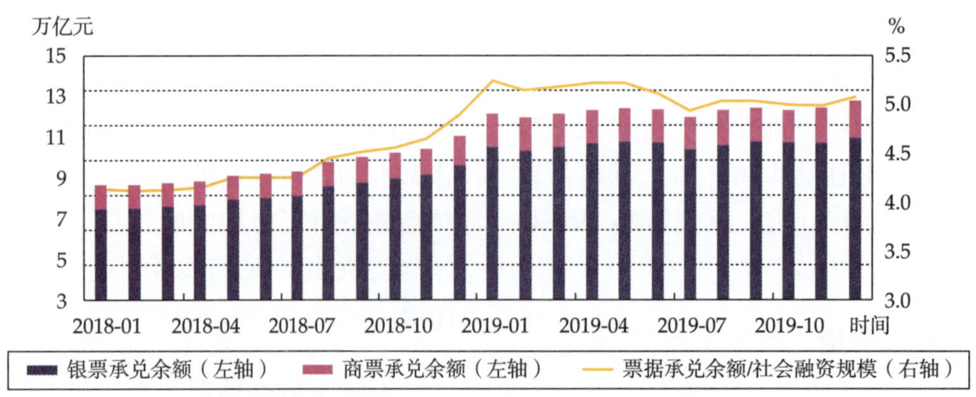

图2-21 票据承兑在社会融资规模中占比提升

2. 票据贴现业务显著增长

2019年，票据累计贴现12.46万亿元，同比增长25.33%；年末贴现余额8.18万亿元，比年初增长24.03%。其中，电子商业汇票贴现发生额为12.38万亿元，占比为99.36%；纸质商业汇票贴现发生额为0.08万亿元，占比为0.64%。银行承兑汇票贴现发生额为11.52万亿元，占比为92.46%；商业承兑汇票贴现发生额为0.94万亿元，占比为7.54%。贴现增量在企业贷款增量中占比达到16.77%，成为支撑企业贷款增长的重要力量。

图2-22 2018年1月至2019年12月票据贴现量

图2-23 贴现余额在企业贷款中占比提升

3. 票据交易量有所回升

2019年，票据市场交易量为50.94万亿元，同比增长22.01%。其中，转贴现38.82万亿元，同比增长12.11%；回购12.12万亿元，同比增长70.11%。分介质看，电子商业汇票交易50.84万亿元，占比为99.8%；纸质商业汇票交易0.1万亿元，占比为0.2%。票据交易量有所回升。

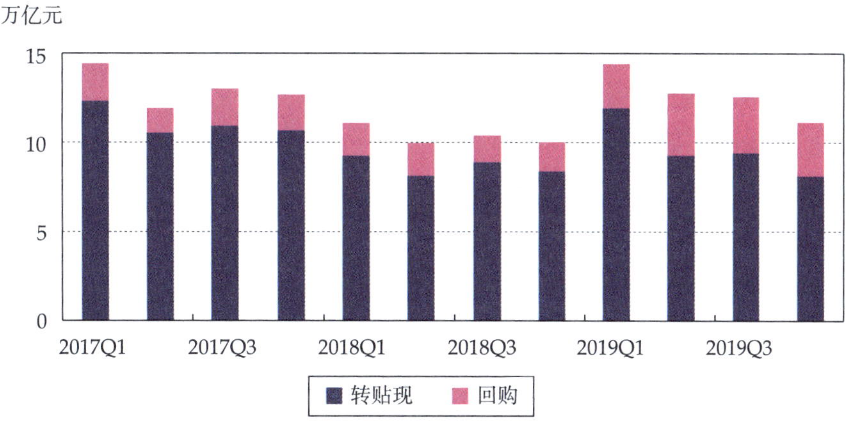

图2-24　票据交易量增长明显

4. 票据市场利率总体有所下降

2019年，票据贴现加权平均利率为3.44%，较上年下降117个基点；转贴现加权平均利率为3.31%，较上年下降110个基点；质押式回购加权平均利率为2.51%，比上年下降71个基点。票据市场利率总体延续2018年下降态势继续下行。

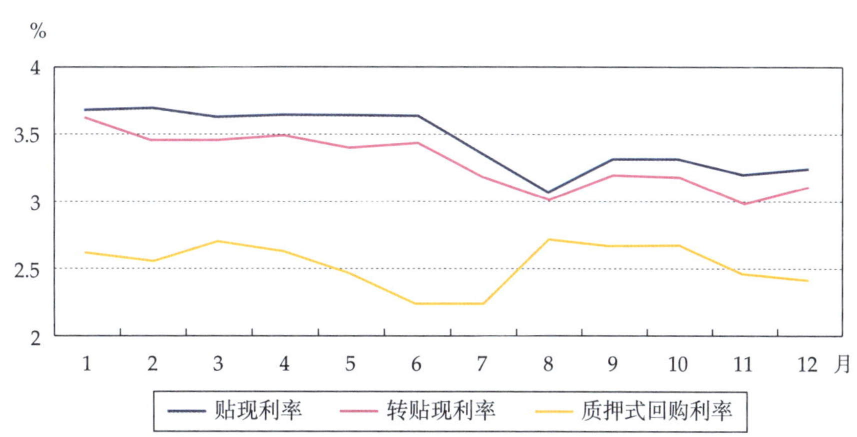

图2-25　2019年各月票据利率走势

5. 再贴现规模大幅增长

2019年，针对结构性流动性紧张局面，人民银行持续加大再贴现支持力度。在2018年已增加再贴现额度2 000亿元的基础上，于6月再次增加再贴现额度2 000亿元，带动金融机构通过票据贴现支持企业融资，改善了小微企业和民营企业融资环境。2019年末，再贴现余额为4 713.78亿元，较年初大幅增长43.26%。

（二）运行的主要特点

1. 票据更好地支持了民营中小企业发展

2019年，出票人为中小微企业的票据承兑余额为8.89万亿元，占全部承兑余额的69.84%；贴现申请人为中小微企业的票据贴现余额为6.66万亿元，占全部贴现余额的81.39%。12月，中小微企业票据贴现平均利率为3.29%，同比下降57个基点，比贷款基准利率低106个基点，比12月一年期LPR低86个基点。票据成为支持民营中小企业发展的重要融资渠道。

2. 票据信用分层显化，过度承兑风险逐步暴露

2019年，国有银行和股份制银行承兑的票据（国股票据）在全市场贴现量中占比达到57.35%，比上年提高2.8个百分点；转贴现占比达到60.95%，比上年提高2.7个百分点；贴现利率为3.13%，比其他类型银行承兑票据的贴现利率低48个基点，利差比上年扩大19个基点。同时，个别财务公司的公司治理体系薄弱，受企业集团经营困难的影响，开展超过其风险承受能力的承兑业务，因到期票据无法兑付或延期兑付发生信用风险，票据过度承兑风险显现。

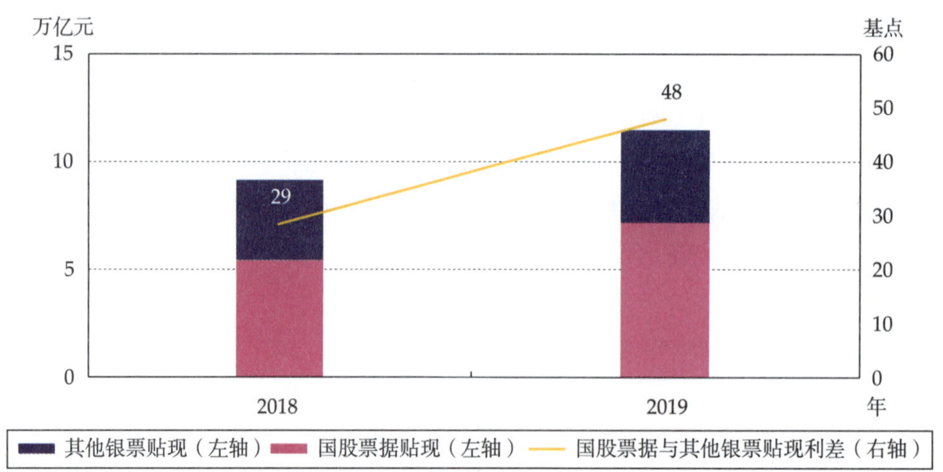

图2-26 国股票据贴现与其他银票贴现比较

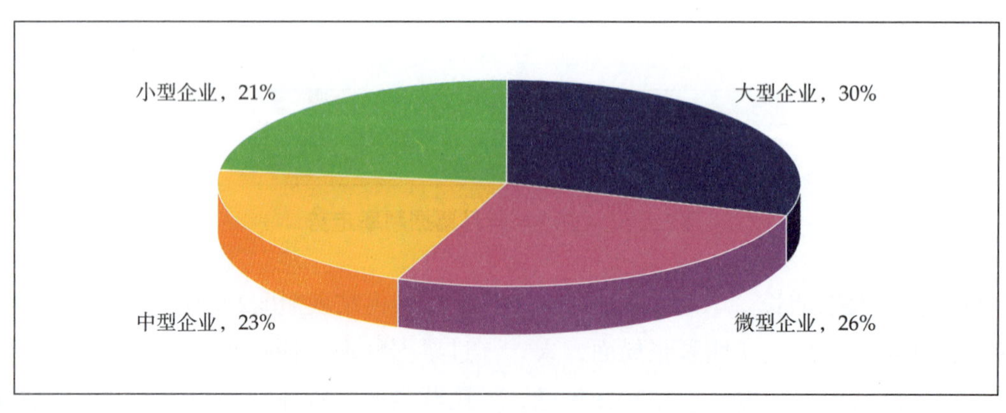

图2-27 2019年末各类型企业承兑余额占比

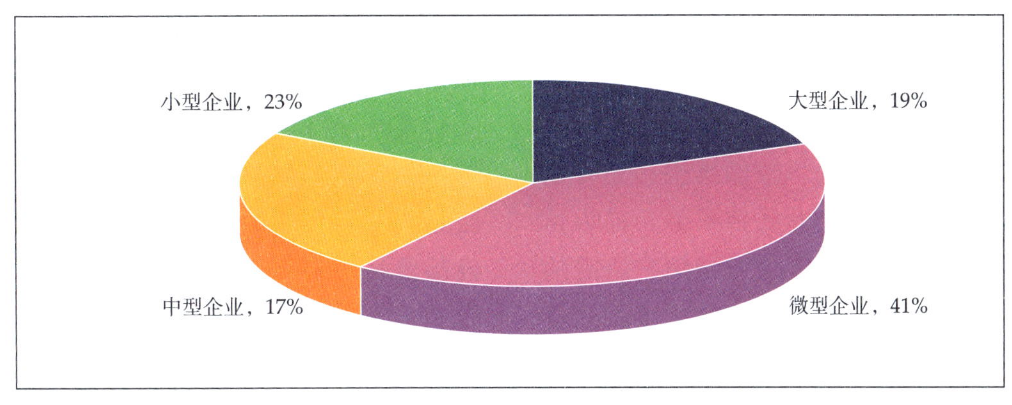

图2-28　2019年末各类型企业贴现余额占比

（三）风险防控、创新及基础设施建设

1. 当前票据市场风险情况及防范举措

2019年，票据市场信用风险、流动性风险、操作风险仍然存在。一是随着票据融资快速增长，票据套利、资金空转行为再次显现，个别商业银行因票据兑付危机被托管，在打破刚性兑付后，对票据市场造成较大影响，对中小银行的冲击尤为突出，引发了票据市场信用分层和一些中小银行的票据流动性风险。二是个别企业财务公司违规开展超过其风险承受能力的商业汇票承兑业务，导致大量流入市场票据无法按期兑付，引发信用风险，对商业承兑汇票的发展带来不利影响。三是一些不法分子利用电票系统信息，对一些不熟悉票据业务的收款企业图谋欺诈的情况时有发生，对票据市场带来负面影响。人行及监管部门针对出现的问题通过成立存款保险基金、组织开展检查、完善票据系统功能等一系列措施，有效遏制了各类票据风险的蔓延和影响。

2. 标准化票据融资机制拓宽票据市场内涵和外延

为缓解中小金融机构流动性压力，充分发挥票据融资功能，更好服务中小企业融资和供应链金融发展，经中国人民银行同意，上海票据交易所于2019年8月开始创设标准化票据，共成功创设4期产品，总金额约14亿元。前3期标准化票据均以锦州银行承兑的已贴现商业汇票作为基础资产，创设规模共约13亿元人民币，期限为2~3个月，认购利率分别为4.9%、4.6%和3.6%；第4期标准化票据的基础资产为江苏银行承兑的未贴现银行承兑汇票，创设规模1亿元人民币，期限为349天，认购利率为3.02%。标准化票据的创设推动了票据融资机制创新，促进了票据市场与债券市场联动发展。

3. 票据市场基础设施建设日益完善

2019年，为满足票据市场参与者业务需求，通过系统版本升级、功能优化、强化服务等措施，票据市场基础设施建设日益完善。一是丰富和优化交易系统直连接口功能。更新发布《中国票据交易系统直连接口规范（2.2版）》与《中国票据交易系统直连接口规范（3.0版）》，上线投产相关升级功能。二是新增贴现通子系统，成功上线“贴现通”业务，实现贴现业务在全国范围内的信息撮合和线上开展；完善再贴现业务系统，增加再贴现信息补充修改和实时查询，便利审批流程，优化了再贴现政策传导渠道。三是优化完善票交所系统各项功能。增加交易对手、承兑行和贴现行清算模式的字段，增加托管票据查询、限额维护；完善非交易业务功能，优化企业质押解除、提示付款、贴现登记撤回等功能，新增用户急需的追偿和未结清票据查询功能；优化清算结算功能，实现财务公司ECDS线上清算；完善会员管理，新增批量管理、操作进度展示等功能。票据市场基础设施建设提升了操作的便利性和票据风险防控能力。

（四）发展展望

在保持经济平稳运行和宏观政策逆周期调控的背景下，票据市场将体现稳中求进的总基调，坚持以供给侧结构性改革为主线，推动高质量发展。一是票据将继续回归服务支持实体经济这一本源，在支持实体经济发展、解决民营和中小微企业融资难、融资贵问题等方面发挥作用。内部经济保持韧性、外部贸易摩擦趋于缓和，企业贸易和开票需求有望恢复，将支撑票据业务体量继续增长。二是票据市场规则更趋规范和统一，票据市场定位更加明确，各类不规范票据行为的生存空间将继续被压缩，对票据市场的干扰也将继续下降。三是金融科技在票据领域的应用更为广泛，上海票据交易所业务系统将不断完善，系统各项功能将更趋强化，有力支持票据创新产品的持续推出，票据的支付功能和交易功能将持续强化。

专题一 票据市场产品创新硕果累累

2019年，随着票据市场进入全国统一、安全高效、信息透明、电子化操作的新时代，上海票据交易所以服务实体经济、防控金融风险、深化金融改革为核心，以金融科技为载体，贴合企业与金融机构对于支付、融资、交易的新需求，积极推动票据市场高质量发展，推出了“票付通”业务、“贴现通”业务和城商银票转贴现收益率曲线等一系列创新产品和新服务，积极推动票据市场的创新发展。

一是推出“票付通”业务，促使小微和民营企业能够更加安全和便捷地使用和盘活票据资产。“票付通”是上海票据交易所基于供应链、B2B电商业务场景向广大企业提供的线上票据支付产品，通过将票据支付嵌入线上平台的业务环节，以B2B平台在线支付场景为依托，为企业提供安全、便捷、高效的线上账期支付工具。“票付通”业务解决了企业持有大量高信用等级票据而难以流通的问题，成为推动产业互联网发展的“催化剂”和“黏合剂”。上海票据交易所于2019年1月26日和5月25日分两期投产了“票付通”核心业务功能。截至2019年底，7家试点机构携手23家平台，累计签约企业802户，发起7 462笔票据支付业务，金额合计68.66亿元。

二是推出“贴现通”业务，打通贴现服务“最后一公里”，切实服务民营企业小微企业。“贴现通”业务于2019年5月上线，为企业和金融机构提供了一个全国性的贴现服务平台。“贴现通”业务由内控机制完善、票据业务经营状况良好的商业银行担任票据经纪机构，为持票企业提供贴现信息咨询、询价和撮合等票据经纪服务，实现了贴现业务的信息撮合和线上开展。“贴现通”业务有利于促进全国贴现市场的统一，解决市场信息透明度低、办理成本高、供需匹配效率低等问题。截至2019年底，五家票据经纪试点银行共计为2 720家贴现申请企业提供票据经纪服务，接受委托票据6 653张，票面金额合计98.19亿元，其中5 130张票据通过“贴现通”业务系统达成贴现意向，票面金额合计74.92亿元。

三是发布城商银票转贴现收益率曲线，为城商银票估值定价提供参考。近年来，上海票据交易所积极推进票据市场利率体系建设，填补票据市场缺乏定价估值参考的空白。继2018年发布首条票据收益率曲线——国股银票转贴现收益率曲线后，上海票据交易所于2019年12月正式发布了城商银票转贴现收益率曲线。城商银票转贴现收益率曲线进一步扩大了票据收益率曲线信用主体的覆盖面，使转贴现市场90%以上的票据获得估值定价参考，有利于改善城市商业银行承兑票据的价格透明度，通过基准定价引导市场，进一步提升了中小银行承兑票据的流动性和交易活跃度。

专题二 票据市场风险新特点及防控机制建设

随着上海票据交易所成立及票据市场步入电子化新时代，需要密切关注票据市场风险的新变化和新特点，强化票据市场风险防控机制，构筑立体风险防控网络。

一、票据市场风险呈现新变化

一是票据承兑环节信用风险有所显现。自2019年以来，个别财务公司承兑票据发生多起到期未兑付事件。一些金融机构票据承兑余额占总资产的比例偏高的现象也需要引起关注。二是票据市场步入电子化时代后操作风险依然存在。部分市场机构的内控机制仍然存在缺陷，引发了一些“伪造”身份的票据风险，如一些不法分子冒用银行或大企业名义开立票据等。三是票据市场价格波动更趋常态化，对市场机构的管理能力提出较高要求。随着票据与其他货币市场工具的关联性更强，票据的价格波动更加随行就市。如果市场参与者对价格波动缺乏应对措施，极易引发风险。四是票据市场监管力度不断加强，合规风险依旧突出。2019年，票据业务监管部门对于票据业务监管的力度不断加强，票据业务依然是监管处罚的重点领域，反映出合规风险仍较为突出。五是票据在企业间背书流转存在管理真空。贴现前票据主要在企业间流转，部分民间中介参与其中谋利，在缺乏监管的环境下存在风险隐患。六是部分负面事件导致的声誉风险影响票据市场创新发展。2019年初，票据贴现利率与结构性存款利率短暂倒挂的现象，引发了各界对企业是否通过票据贴现进行套利的讨论，一些过度或放大事实的负面评价，给市场创新发展带来不利影响。

二、着力构筑票据市场风险管理立体防控网

引发票据市场风险的因素既复杂多样，又相互交织叠加，增加了风险管理的难度。健全票据市场风险防范机制，需要发挥市场参与者、基础设施、管理部门的合力，构筑立体风险防控网络，各司其职做好风险管控，加强票据市场风险防控。

（一）市场参与者加强内控，筑牢风险防控第一道防线

市场参与者要顺应业务转型发展需要，积极调整票据业务管理架构，从制度建设、系统建设、人才培养等方面提升票据业务风险管理机制。综合运用准入、授信、限额、监测、提示等手段，强化信用风险管控。通过夯实系统建设，加强内控管理，审慎开通电票业务权限等方式，提升操作风险防控能力。要提高精细化管理的要求，积极提升市场风险研判能力。加强合规管理意识，提升票据业务的合规性和合法性。积极加强对票据市场的正面宣传，营造票据市场积极向上的市场氛围。

（二）上海票据交易所作为票据市场基础设施，充分发挥票据市场“风险防控中心”的功能作用

进一步夯实上海票据交易所系统建设，推动系统功能的完善和优化升级。健全票据市场风险监测指标体系，构建风险

识别、分析、评估和应对机制。探索建立商业汇票信息披露制度安排，推动商业信用体系建设。提供票据市场数据产品，为市场参与者跟踪市场变化提供依据。在风险可控的前提下，探索远期、互换等利率、信用衍生品，满足参与者对冲风险的需求。加强市场参与者培育和教育，推动行业自律，积极引导市场参与者转型。

（三）票据市场管理部门加强顶层设计，完善票据市场治理体系

进一步明确票据市场发展定位，充分发挥票据的支付、融资、投资、交易等多种作用。强化对票据业务的管理，在业务准入、承兑限额、账户管理等方面进行严格控制。推动票据市场监管协调，促成统一共识，共同防范票据市场风险。适应当前市场变化，推动《票据法》等相关法律法规的修订完善，并明确电子票据的法律地位。

第三章　债券市场

2019年，中国债券市场总体发展态势良好。债券市场发行规模平稳增长，公司信用类债券发行量大幅增长，同业存单发行量有所回落；现券交易规模大幅增加，债券价格指数整体上行；投资者规模进一步扩大，境外投资者数量快速增长，债券持有量明显增加；债券违约总体水平不高，违约主体以民营企业居多；产品创新、机制创新与规范管理持续加强，对外开放融合度不断加深，债券市场服务实体经济、推动供给侧结构性改革的作用进一步发挥。

一、运行情况

（一）债券一级市场

1. 债券发行量平稳增长

2019年，全国债券市场共发行各类债券45.32万亿元，较上年增加1.73万亿元，同比增长3.1%[①]，年增速回落4.6个百分点。其中，全国银行间债券市场38.03万亿元，同比增长0.6%，年增速回落2.3个百分点，占债券市场发行总量的83.9%。交易所债券市场发行量为7.30万亿元，占债券市场发行总量的16.1%。

分券种看，发行量最大的三个券种依次是同业存单、公司信用类债券、地方政府债，发行量分别为17.97万亿元、9.73万亿元和4.36万亿元。同业存单同比发行量下降14.8%，公司信用类债券和地方政府债发行量同比分别增长33.3%和3.8%。

表3–1　2019年债券市场主要券种发行量

券种	发行量/亿元	同比增长率/%	券种	发行量/亿元	同比增长率/%
国债	40 091.00	13.2	公司信用类债券	97 286.80	26.9
地方政府债券	43 624.30	4.7	金融债券	31 184.40	58.1
政府支持机构债券	3 720.00	47.0	同业存单	179 712.70	–14.8
国开行及政策性银行债	37 401.00	11.0	资产支持证券	19 668.30	8.1
国际机构债券	538.40	–40.1	合计	453 226.9	3.1

注：1. 金融债券包括银行间金融债券和交易所金融债券。其中，银行间金融债券是指在中国境内涉及的金融机构法人发行的金融债券，包括商业银行发行的普通金融债券、次级债、混合资本债、二级资本工具、永续债，保险公司发行的资本补充债券、汽车金融公司等非银行金融机构发行的债券。

2. 公司信用类债券包括非金融企业债务融资工具、企业债券、公司债券。

数据来源：中证登、中央结算公司、上海清算所。

① 2018年全国债券市场发行债券总额调整为43.96万亿元，以下同比数据皆以调整后数据计算。

2. 债券托管总量平稳增长

截至2019年末，全国债券市场托管余额为99.10万亿元，同比增长14.7%。其中，全国银行间债券市场的债券托管量为86.45万亿元，同比增长14.2%，占全国债券市场托管量的87.2%。交易所债券市场的债券托管量为12.66万亿元，同比增长18.3%，占全国债券市场托管量的12.8%。其中，公司信用类债券托管量为21.75万亿元，同比增长17.3%，占债券市场总托管量的21.9%。

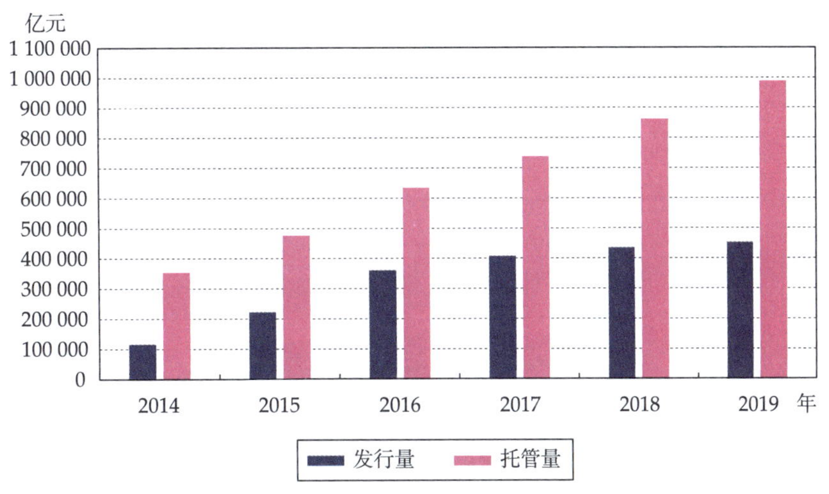

图3-1　银行间债券市场发行量与托管量历史趋势

（数据来源：中央结算公司、上海清算所）

（二）债券二级市场

1. 现券交易规模大幅增长

2019年，债券市场现券累计成交217.10万亿元，同比增长38.6%，年增速回落6.0个百分点。其中，银行间债券市场现券累计成交208.75万亿元，同比增长38.5%，年增速回落8.1个百分点，占全国债券市场现券成交量的

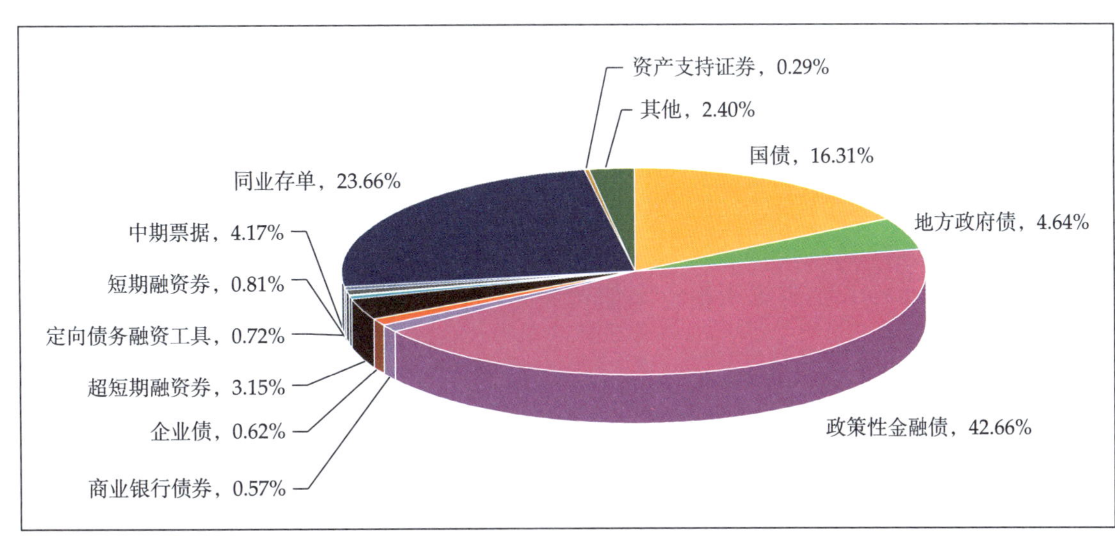

图3-2　2019年银行间债券市场现券交易券种结构

（数据来源：外汇交易中心）

96.2%；交易所债券市场现券累计成交8.35万亿元，同比增长40.8%，占全国债券市场现券成交量的3.8%。

从银行间债券市场现券交易的券种结构看，交易量排名前三位的券种依次是政策性金融债、同业存单和国债，占比分别为42.66%、23.66%和16.31%，这三个券种交易量合计占银行间债券市场的82.63%。

从银行间债券市场现券交易的期限结构看，待偿还期为0~1年、1~3年、3~5年、5~7年、7~10年和10年以上[①]的交易量分别为80.28万亿元、43.17万亿元、29.18万亿元、11.01万亿元、46.54万亿元和3.58万亿元，占比分别为37.56%、20.19%、13.65%、5.15%、21.78%和1.67%。

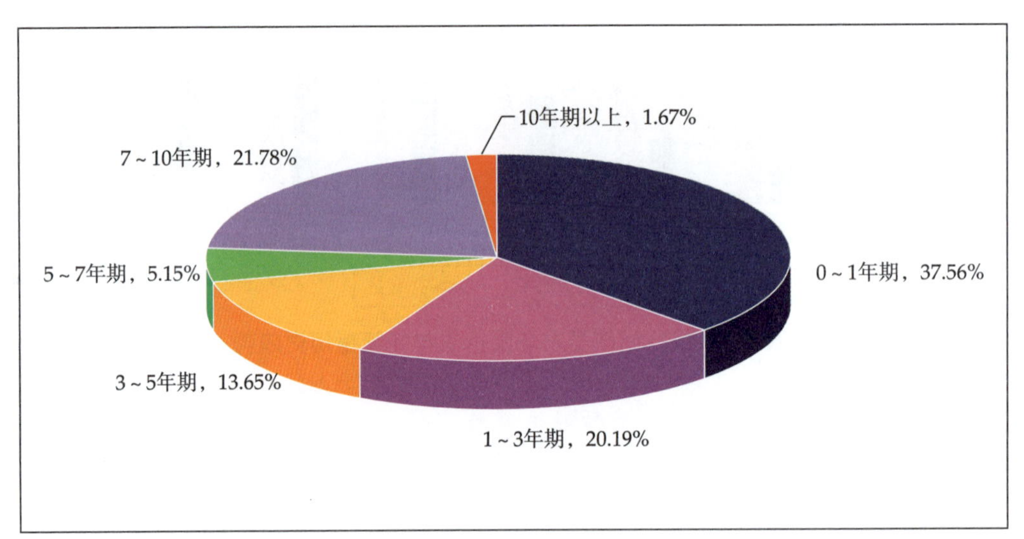

图3–3 2019年银行间债券市场现券交易期限结构

（数据来源：外汇交易中心）

2. 债券价格指数整体上行

债券价格指数整体上行。2019年，中债总财富指数（总值）年初震荡调整，4月起至8月中一路上行，区间波动后从11月持续上涨至年末，指数从年初的184.07上涨至年末最高点192.09，上涨4.4%。上海清算所银行间信用债综合指数的总收益指数从年初的121.13上涨至年末的126.83，涨幅达到4.7%。上证公司债指数（全价）年初为192.53，年内一路上行，指数整体保持上升趋势，年末升至202.88，增幅5.4%。

① 其中，1~3年期债券包含期限为前闭后开，即包括正好为1年期的债券，不包括正好为3年期的债券。以下皆依此类推。

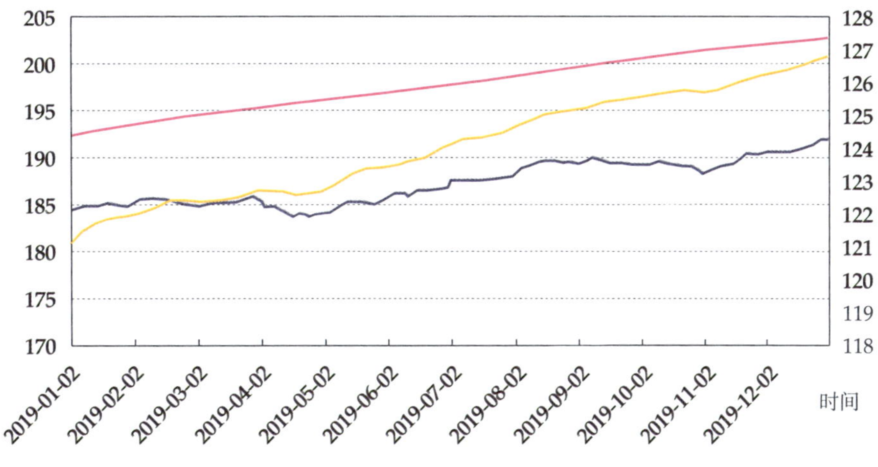

图3-4 2019年银行间债券指数变化趋势

（数据来源：中央结算公司、上海清算所）

3. 银行间债券市场投资者结构保持稳定

银行间债券市场投资者持债结构总体变化不大。截至2019年末，存款类金融机构持债规模为49.61万亿元，持债占比为57.4%，占比较上年末持平；非法人机构投资者持债规模为25.53万亿元，持债占比为29.6%，占比较上年末提高0.7个百分点。其中，存款类金融机构持有比重最大的券种为地方政府债券，占比为36.9%；非法人机构投资者持有比重最大的券种为公司信用类债券，占比为35.9%。

4. 银行间债券市场柜台业务趋向活跃

2019年，银行间债券市场柜台业务日趋活跃。柜台业务分销债券总额为0.35万亿元，同比增长12.3%。柜台交易量为0.25万亿元，同比增长91.5%。截至年末，柜台市场托管余额为0.85万亿元，同比增长9.2%，占银行间债券市场托管余额总量的1.0%。分券种看，柜台业务托管券种主要为国债和政策性银行债。国债在柜台市场托管余额为0.82万亿元，同比增长11.7%，占柜台市场托管总量的95.9%。

二、运行的主要特点

（一）债券市场全年窄幅波动

受货币政策整体宽松、中美贸易摩擦、中美经贸谈判反复及经济下行压力加大等因素影响，2019年债券市场收益率窄幅波动。

银行间市场债券收益率整体区间震荡，第一季度区间调整，第二季度先升后降，第三季度和第四季度总体运行平稳，到年末略微下行。2019年末，1年期、3年期、5年期、7年期、10年期国债收益率分别为2.36%、2.73%、2.89%、3.04%和3.14%，较上年末下降8~24个基点；1年期、3年期、5年期、7年期、10年期AAA中短期票据的收益率分别为3.18%、3.43%、3.71%、3.96%和4.20%，较上年末下降12~41个基点。

交易所市场债券收益率全年震荡下行。

2019年第一季度公司债收益率小幅下降，第二季度末稍有回升，第三、第四季度总体缓慢下降。2019年末，3年期和5年期中证公司债（AAA）到期收益率分别为3.42%和3.72%，较2018年末分别下降46个和37个基点。

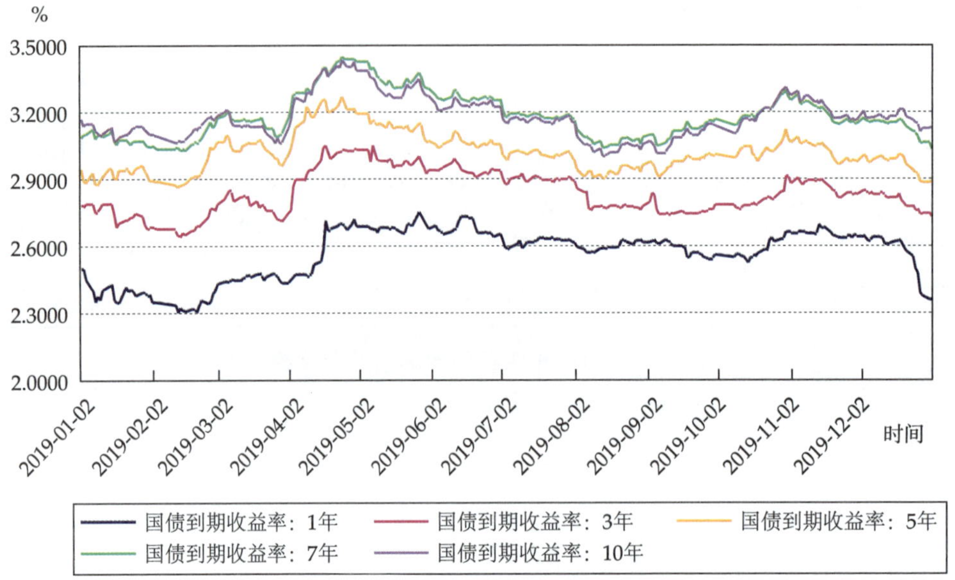

图3-5 2019年关键期限国债收益率走势

（数据来源：中央结算公司）

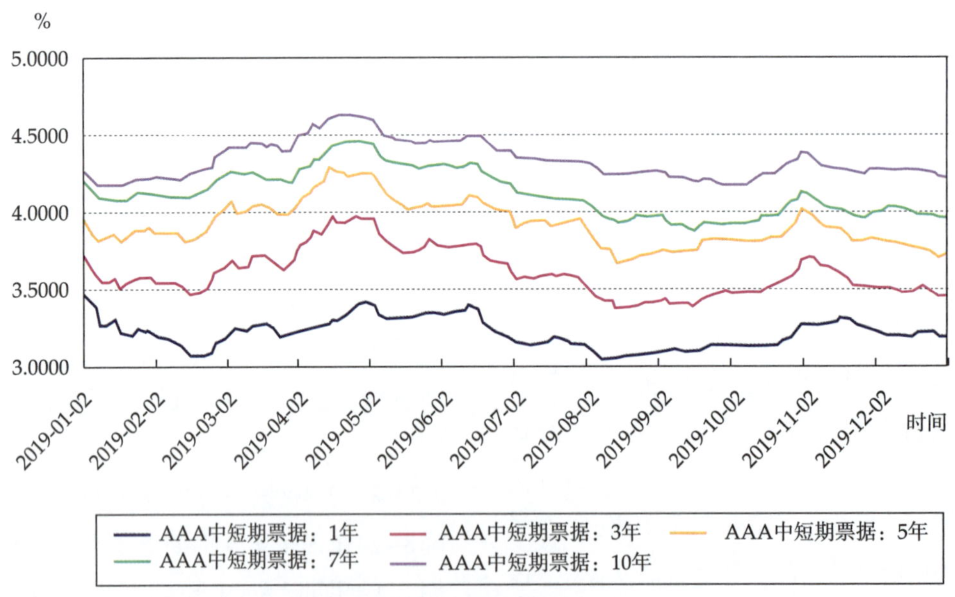

图3-6 2019年AAA中短期票据各期限收益率走势

（数据来源：外汇交易中心）

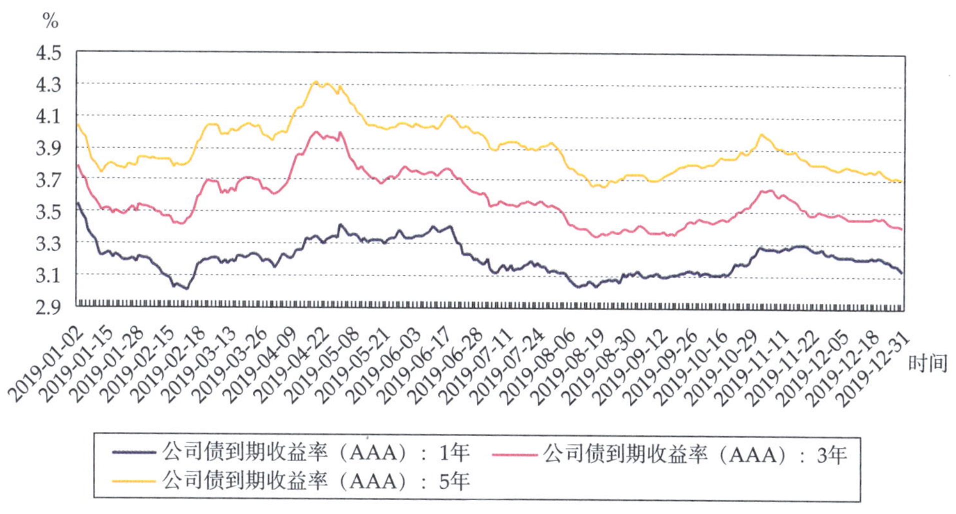

图3-7　2019年交易所公司债券到期收益率走势

（数据来源：上海证券交易所）

（二）信用债发行量显著增加

2019年，全国债券市场发行量约为45.32万亿元，同比增长3.1%，尤其是公司信用类债券发行量大幅增长，金额为9.73万亿元，同比增长33.3%。其中，非金融企业债务融资工具和公司债券的发行规模分别为6.80万亿元和2.57万亿元，分别占公司信用类债券发行总量的69.9%和26.4%，同比分别增长17.4%和57.3%。

2019年同业存单发行总额为17.97万亿元，较2018年下降14.8%，已低于2017年水平。同业存单发行总额占同期债券发行总额的39.8%，占比较上年回落8.6个百分点。

（三）债券交易量明显上升

2019年，债券市场现券累计成交217.10万亿元，同比上升38.6%。其中，全国银行间债券市场现券交易量为208.75万亿元，同比上升38.5%；交易所现券累计成交8.35万亿元，同比增长40.8%。

2019年，银行间债券市场的现券累计换手率为219.1%，同比上升38个百分点。交易活跃度最高的前三大券种依次为政策性银行债、同业存单和记账式国债换手率分别为589.15%、470.06%和236.68%，较上年变化了231.33%、-91.77%和90.68%。其中，2019年同业存单交易量为50.04万亿元，同比下降9.2%，同业存单交易量占同期债券交易总额的23.6%，占比较上年回落13.2个百分点。

表3-2　银行间债券市场2019年和2018年换手率①比较

单位：%

券种	2019年	2018年	变化
国债	236.68	146.00	90.68
地方政府债	48.01	24.84	23.17

① 换手率：现券交易量/托管量×100（单位：%）。

续表

券种	2019年	2018年	变化
政策性银行债	589.15	357.82	231.33
同业存单	470.06	561.83	-91.77
商业银行债券	63.85	25.14	38.71
非银行金融机构债券	47.98	53.82	-5.84
企业债券	60.66	68.41	-7.75
资产支持证券	21.63	14.15	7.48
中期票据	141.89	133.33	8.56
国际开发机构债	5.91	13.89	-7.98

数据来源：中央结算公司、上海清算所、外汇交易中心。

（四）境外投资者数量快速增长

2019年末，796家[①]境外机构主体进入银行间债券市场，较上年末增加了220家，大幅增长了38.2%。境外机构在银行间债券市场的债券托管总量为2.20万亿元，较上年末增加了0.47万亿元，增长了27.4%，占银行间市场债券总托管量的2.5%。

三、产品创新

（一）金融机构相关债券不断创新

1. 商业银行永续债顺利发行

2019年1月，人民银行、银保监会相继发布政策支持商业银行发行永续债，人民银行开展央行票据互换操作，提升商业银行永续债市场流动性，银保监会允许保险机构投资商业银行发行的无固定期限资本债券，支持商业银行充实资本。2019年1月，中国银行成功在银行间债券市场发行首单400亿元的无固定期限资本债券。截至2019年末，商业银行永续债累计发行5 696亿元，拓宽了商业银行补充其他一级资本工具渠道，对于提升商业银行服务实体经济能力具有积极作用。

2. 证券公司金融债券成功发行

2019年7月，经人民银行批准，广发证券成功公开发行50亿元金融债券。这是全国首单由证券公司发行的金融债券，募集资金将用于补充经营流动资金及向中小非银机构提供流动性支持。截至2019年末，证券公司累计发行9只规模525亿元金融债券。此前发行金融债的主体主要为政策性银行和商业银行，这次金融债发行主体的拓宽，有助于丰富证券公司的中长期融资渠道，发挥其流动性桥梁作用、维护金融市场稳定运行，进而缓解中小非银机构流动性困局。

（二）绿色债券创新加快

2019年，各类创新绿色债券相继成功发

① 境外机构家数统计口径由原来的账户维度改为主体维度。

行，更好地资助符合规定条件的绿色项目或为这些项目进行再融资。2019年2月，“2019年第一期深圳能源集团股份有限公司绿色债券”成功发行。该债券是全国首单面向境内外（含债券通）投资者发行的企业债券，将在丰富绿色金融产品、拓宽实体经济融资渠道、降低融资成本以及服务粤港澳大湾区建设等方面发挥积极作用。2019年6月，湖北省宜昌城市建设投资控股集团申报的10年期10亿元长江大保护专项绿色债券获国家发展改革委正式批复。该债券是中国首单交通运输领域长江大保护专项绿色债券，也是首单多式联运项目专项绿色债券。所募资金将用于白洋港区世界银行贷款项目，该项目最大限度地实现绿色可持续发展，具有较强的绿色环保效益。2019年9月，龙源电力集团股份有限公司发行5亿元绿色超短期融资券（扶贫），系银行间市场首单绿色扶贫超短期融资券，募集资金用于偿还位于国家级贫困县贵州省威宁县境内的龙源贵州风力发电有限公司风电项目贷款以及发行人下属风电公司借款。2019年11月，国家开发银行发行首单可持续发展专题“债券通”绿色金融债券。所募资金将用于重庆市林业生态建设暨国家储备林项目等专项支持长江大保护及绿色发展的绿色项目，更好服务长江大保护和长江经济带高质量发展。

（三）债券指数及相关产品推陈出新

1. 国内债券指数走向国际，支持债券市场对外开放

2019年2月，以“中债-10年期国债及政策性银行债绿色增强指数”为跟踪标的的新光中国10年期国债及政策金融附加绿债债券ETF正式在我国台湾证券交易所挂牌上市。2019年11月，在人民币国际化十周年之际，“中债—工行人民币债券指数”在新加坡向全球发布，境内债券市场的国际影响力进一步提升。

2. 一系列债券指数发布，助力金融支持实体经济

2019年，中债金融估值中心有限公司发布京津冀系列债券指数、优质企业债券指数和民营企业公司信用类债券指数；上海清算所发布了一系列信用债券指数，包括中国信用债0~3年AAA级信用债指数、3~5年AAA级中期票据指数、上海清算所1~5年中高等级优选信用债指数、上海清算所0~4年央企80债券指数、上海清算所高等级国企短债指数以及上海清算所1~3年高等级国企中期票据指数。这些债券指数的发布，完善和丰富了债券市场价格产品，向市场参与者提供了新的债券价格指标和投资标的，吸引更多资金投资于债券市场，降低企业融资成本。

3. 长三角系列债券指数发布

2019年6月，中债长三角系列债券指数在上海发布。该系列指数包括长三角债券综合指数、长三角地方政府债指数、长三角绿色债券指数、长三角公司信用类债券指数以及长三角中高等级信用债指数，是市场首个全面表征长三角地区债券市场的系列债券指数，也是在长三角一体化发展战略指导下，中债指数产品首次应用于区域层面，从长三角债券市场整体、地方政府债、信用债、绿色债券等多维度刻画长三角地区债券市场运行特征，是债券市场定价基准的创新性应用。

4. 开放式债券指数证券投资基金创新试点

中国人民银行、中国证监会联合发布的

《中国人民银行 中国证券监督管理委员会关于做好开放式债券指数证券投资基金创新试点工作的通知》，积极推动债券ETF等指数型产品发展，进一步促进债券市场互联互通，更好满足境内外投资者需求。

（四）推动定向债务融资工具债转股产品创新

2019年2月，完成首批债转股债务融资工具注册发行，共1家企业发行定向工具10亿元，其中9亿元用于归还实施债转股项目形成的银行借款。债转股债务融资工具的发行，有助于提高直接融资比例，合理扩大债券市场规模，同时发挥债务融资工具对稳妥降低企业杠杆率的积极作用。

（五）资产证券化市场监管细则进一步明确，产品创新积极推进

2019年，人民银行自9月起将交易所企业资产支持证券纳入社会融资规模中的“企业债券”指标；银保监会发布《中国银保监会办公厅关于资产支持计划注册有关事项的通知》（银保监办发〔2019〕143号），简化了资产支持计划的审批制度；上海证券交易所发布了一系列政策，明确资产支持证券分期发行的条件和安排；深圳证券交易所制定PPP、应收账款、融资租赁和基础设施等大类基础资产挂牌审查和信息披露指南，统一准入和信息披露标准。2019年，资产证券化市场规模继续快速增长，全年发行各类产品2.3万亿元。

2019年，资产支持票据（ABN）产品创新稳步发展。一是通过ABN服务民营小微企业融资，推动以ABN为标的创设信用风险缓释凭证（CRMW），通过市场化方式为民营、小微企业融资提供信用保护。2019年，共4单ABN凭证完成创设，支持发行规模7.67亿元；推动民营企业以优质资产发行ABN，降低其直接融资门槛，提高其融资可得性。2019年，共支持33家民营企业作为发起机构发行ABN，发行金额745.66亿元；推动租赁债权ABN、供应链ABN、银行贸易融资应收账款类ABN，以市场化的方式直接或间接支持民营、小微企业的融资需求。2019年，上述各类ABN（除民营企业作为发起机构）共发行1 197.51亿元，对应超过5 000家民营、小微企业融资人。二是积极推动绿色ABN创新与发展。2019年，绿色ABN发行9单共129.73亿元，同比增长127.56%，发起机构行业不断扩大，涵盖融资租赁、能源、制造业、公用事业等行业。三是推动“债券通”ABN，服务市场对外开放。2019年，共4单ABN通过“债券通”面向境内外投资者成功发行，发行金额60.76亿元，境外机构参与投资的规模为15.95亿元，占比为26.25%。

（六）以LPR为基准的债券成功发行

2019年8月，人民银行发布中国人民银行公告〔2019〕第15号，决定改革完善市场报价利率（LPR）形成机制来深化利率市场化改革，提高利率传导效率，推动降低实体经济融资成本。在此基础上，以LPR为基准的债券陆续发行。2019年9—11月，首单以LPR为基准的浮息债券“通威股份有限公司2019年度第四期超短期融资券”、首单以LPR为基准的浮动利率信贷ABS产品“兴银2019年第四期信贷资产支持证券”、首单以LPR为基准的ABN产品“海通恒信租赁2019年第一期ABN”、首单以LPR为基准的国开行浮息利率债券先后发行。LPR浮息债券的发行，是推动债券市场

创新发展的重要举措，有助于提高LPR市场影响力和市场化程度，促进利率市场化改革，同时丰富债券产品的种类，满足投资者多元化需求。

四、制度建设

（一）进一步加强债券发行市场管理

1. 完善扶贫票据工作机制

2019年，人民银行、银行间市场交易商协会认真贯彻落实精准扶贫政策，持续完善扶贫票据工作机制，指导银行间市场交易商协会制定并发布了《非金融企业扶贫票据业务指引》（中国银行间市场交易商协会公告〔2019〕13号发布）及配套信息披露表，并编制《扶贫票据业务操作手册》，进一步提升扶贫票据工作规范性。截至2019年末，扶贫票据累计发行414.5亿元，带动100多个贫困县扶贫工作。

2. 进一步拓宽民营、中小企业融资渠道

2019年2月和4月，中共中央办公厅、国务院办公厅先后印发《关于加强金融服务民营企业的若干意见》（中办发〔2019〕6号）和《关于促进中小企业健康发展的指导意见》，积极支持符合条件的民营企业扩大直接融资，进一步完善债券发行机制，实施民营企业债券融资支持工具，采取出售信用风险缓释凭证、提供信用增进服务等多种方式，大力发展高收益债券、私募债、双创专项债务融资工具、创业投资基金类债券、创新创业企业专项债券等产品。2019年，银行间债券市场交易商协会全年注册民营企业债务融资工具4 714.61亿元、发行3 318亿元。

3. 持续发展信用衍生品支持债券发行

2019年，人民银行指导银行间债券市场相关自律组织和基础设施机构，持续完善信用风险缓释工具创设备案等自律管理服务，积极推动民营企业债券融资支持工具发展，向市场提供积极信号，引导市场预期。2019年，银行间债券市场直接和间接[①]支持65家民营企业，发行债务融资工具104只，金额554亿元，支持的民营企业家数占同期发行债务融资工具民营企业总数近40%。其中，以民营企业债券为标的债券的信用风险缓释凭证83笔，名义本金总计104.58亿元，支持债券发行354.66亿元。交易所债券市场也进一步扩大民营企业债券融资支持工具范围，信用保护合约与标的债务一级市场发行同步配售，有效提升了投资者认购积极性，降低发行人融资成本。

4. 政策性金融债实现常态化多渠道发行

2019年，中国农业发展银行和中国进出口银行首次通过上海证券交易所债券发行系统发行政策性金融债，中国进出口银行债券也首次在深圳证券交易所发行，政策性金融债常态化多渠道发行机制基本建立。交易所政策性金融债发行对银行间市场形成了有益补充，有利于拓宽交易所市场利率债来源，丰富利率债券品种和期限结构。2019年，交易所市场累计发行政策性金融债1 631.2亿元。

① 直接支持是以民营企业债务融资工具为实施主体，通过创设信用风险缓释凭证、信用增进等多种形式支持民营企业发行债务融资工具。间接支持是主承销商等市场成员通过创设信用风险缓释凭证的方式支持民营企业发行债务融资工具。

5. 完善创新创业债券制度建设

2019年8月，人民银行联合银保监会发布《中国人民银行办公厅 中国银行保险监督管理委员会办公厅关于支持商业银行发行创新创业金融债券的意见》（银办发〔2019〕161号），鼓励商业银行发行双创金融债券增加双创领域信贷投放，发挥各类创新主体的创造潜能，支持经济结构调整和产业升级。2019年，银行间债券市场共发行6只创新创业金融债券，金额78亿元。

6. 拓展地方债发行渠道，完善地方政府专项债发行及项目配套融资制度

2019年3月，财政部发布《关于开展通过商业银行柜台市场发行地方政府债券工作的通知》（财库〔2019〕11号），提出地方政府公开发行的一般债券和专项债券，可通过商业银行柜台市场在本地区范围内发行，并对柜台发行方式、分销期安排和最大发行额度等予以明确。同月，首批共有6个试点省份参与地方债柜台发售。地方债柜台发售的正式启动，标志着地方债一级市场面向个人投资者开放，地方债也成为继记账式国债、政策性银行债和国开行债后又一类可开展银行间债券市场柜台业务的品种。2019年6月，中共中央办公厅、国务院办公厅发布《关于做好地方政府专项债券发行及项目配套融资工作的通知》，规范专项债券发行及项目配套融资工作。2019年，地方债共计在12个省份、15家银行柜台分销，认购总量达109.84亿元。

（二）持续完善债券交易市场管理

1. 完善银行间债券市场准入管理制度框架

2019年10月，人民银行发布《中国人民银行金融市场司关于商业银行理财子公司进入银行间债券市场有关事宜的通知》（银市场〔2019〕153号），商业银行理财子公司理财产品不再逐只向人民银行备案，而由理财子公司作为资产管理人仅做1次准入备案。以商业银行理财子公司理财产品为切入点，厘清交易托管结算等各环节法律关系，调整相应服务安排，将资管参与债券市场的主体由产品校正为管理人与托管人。落实资管新规，督促产品管理人严格履行主动管理责任，托管人切实承担独立托管职责，做到单独建账、单独管理、单独核算。

2019年9月，人民银行上海总部发布2019年第1号公告，取消了银行间债券市场备案环节中关于合格机构投资者提交债券投资人员的银行间债券市场培训证书的规定，但同时要求合格机构投资者加强对债券投资人员的管理培训，建立相应的管理培训制度。

2. 扩大交易所债券市场参与现券交易的银行范围

为进一步落实党中央、国务院关于增强金融服务实体经济能力的要求，2019年8月，证监会、人民银行、银保监会联合发布《关于银行在证券交易所参与债券交易有关问题的通知》（证监发〔2019〕81号），将可在交易所债券市场参与现券交易的银行范围扩大至包括政策性银行和国家开发银行、国有大型商业银行、股份制商业银行、城市商业银行、在华外资银行、境内上市的其他银行。该通知发布以来，银行自有资金在交易所市场债券交易量明显提升。

3. 细化标准化债权类资产认定规则

2019年10月，人民银行发布《标准化债权类资产认定规则（征求意见稿）》，明确了标准化债权类资产的范围、应符合的条件，明确了由为债权类资产提供登记托管、清算结算等基础设施服务的基础设施机构作为申请主体，向人民银行提出标准化债权类资产认定申请。该政策规范了金融机构资产管理产品投资，强化了投资者保护，促进直接融资健康发展。

4. 银行间市场推出国开债做市支持业务

2019年，为进一步完善债券市场做市制度，在中国人民银行的指导下，外汇交易中心、中央结算公司和国家开发银行合作推出了国开债做市支持机制，并发布了国家开发银行人民币金融债券做市支持操作规则和业务细则，通过运用随买、随卖等工具，支持银行间债券市场做市商对公开上市流通的国开债做市的行为。国开债做市支持机制的建立有助于增强国开债做市报价连续性，提升国开债二级市场流动性，满足境内外机构投资配置需求，健全反映市场供求关系的国开债收益率曲线，更好发挥债券市场的价格发现功能。2019年12月，国开行通过交易中心做市支持操作平台首次开展国开债做市支持业务随卖操作，操作量60亿元，并创新性引入券款对付（DVP）结算方式，有效提高业务处理效率，减少做市商资金占用，降低头寸风险。

（三）加大风险防范和违约处置力度

1. 多元化债券违约处置手段

2019年12月，人民银行发布2019年第24号公告，推动建立银行间债券市场到期违约债券转让机制，提高违约债券处置效率、促进市场有效出清。12月，中国人民银行会同发展改革委、证监会联合发布《关于公司信用类债券违约处置有关事宜的通知（征求意见稿）》，明确债券违约处置的原则，充分发挥受托管理人和债券持有人会议制度在债券违约处置中的核心作用，丰富市场化债券违约处置方式，允许发行人在基于平等、自愿前提下，通过债券置换、展期等方式协商进行债务重组，并加大对发行人逃废债的打击力度。在有关部门的指导下，银行间市场交易商协会、外汇交易中心、上海清算所、中央结算公司、证券交易所均出台了一系列措施，对违约债券进行市场化、规范化的交易处置。

2. 规范债券结构化发行

为进一步规范公司债券发行业务，维护债券市场正常秩序，保护投资者合法权益，上海证券交易所和深圳证券交易所发布《关于规范公司债券发行有关事项的通知》（上证发〔2019〕115号、深证上〔2019〕821号），明确发行人不得在发行环节直接或者间接认购自己发行的债券；发行人的董事、监事、高级管理人员，持股比例超过5%的股东以及其他关联方参与相关债券认购，属于应当披露的重大事项，发行人应当在发行结果公告中就相关认购情况进行披露；承销机构应对涉及结构化发行的情况进行核查，并在承销总结报告中发表核查意见。

3. 高收益债券匿名拍卖业务正式推出

2018年7月，银行间市场推出债券匿名拍卖（X-Auction）业务，由交易中心依据市场需求组织市场参与者，在特定时间、交易中心本币交易系统进行债券集中匿名交易。该业务支持低流动性债券、到期违约债转让和回购违约债券处置。2019年，交易中心共组织开展匿名拍卖业务18场次。该业务受到市场机构的认可，促进了低流动性、高收益性债券的二级市场流通，进一步提高了市场透明度，完善了银行间债券市场价格发现机制，为防范化解金融风险提供有效手段，切实服务实体经济。

4. 进一步加强政府性债务风险管控

2019年6月，发展改革委发布《关于对地方国有企业发行外债申请备案登记有关要求的通知》，明确地方国有企业作为独立法人承担外债偿还责任，地方政府及其部门不得直接或承诺以财政资金偿还地方国有企业外债，不得为地方国有企业发行外债提供担保。同时，为推进全国统一的地方政府债务信息公开平台建设，2019年12月31日，财政部正式上线试运行中国地方政府债券信息公开平台（WWW.CELMA.ORG.CN）。该平台通过定期公开地方政府债务限额、余额以及经济财政状况、债务发行、存续期管理等信息，促进形成市场化融资自律机制。

5. 开展企业债券风险排查工作

2019年2月，发展改革委印发《关于开展2019年度企业债券存续期监督检查和本息兑付风险排查有关工作的通知》（发改办财金〔2019〕187号），一是要求对已发行企业债券的各年度还本付息、募集资金使用、募投项目运营效益、抵押资产（若有）等情况进行专项检查。二是明确省发展改革委应对2019年企业债券领域风险进行全面排查，市场化、法制化推动化解风险，维护债券持有人合法权益。三是要求开展企业债券存续期"双随机"抽查，并对主承销商信用评价结果靠后的主承销商要加强日常监督，对其承销的项目加大检查力度。

6. 加强信用风险管控

2019年，中央结算公司推出同业授信质押业务，该业务在传统的完全基于对手方信用管理的基础上，增加了债券担保品的使用，并引入专业第三方作为担保品管理机构，实现交易对手方信用适度下沉而实质风险控制不下沉，优化金融机构同业授信业务管理，有效缓释并化解中小同业机构的信用风险。上海证券交易所、深圳证券交易所严格落实"申报即纳入监管"，明确审核环节发行人及中介机构的责任和要求；狠抓事中存续期监管，审核定期报告和临时信息披露，关注发行人经营情况及偿债能力。交易商协会从机制建设、人员配备、风险防范与处置、合规督导等各方面对市场主体风险管理进行全面梳理，指导主承销商及时了解企业经营、融资、征信、涉诉等情况，加强风险监测和防范，同时对于存在较大风险的企业，及时协助企业制定偿付措施。

7. 发布投资人保护条款示范文本

2019年4月，交易商协会修订发布《投资人保护条款示范文本》（2019年版），加强债务融资工具市场信用风险防范，升级投资人保护机制。新版示范文本增加三类投资人保护条款，优化四类条款触发情形，细化五项条款处置机制，涵盖企业的治理结构、经营行为、财务表现、投资融资、信用增进等多个方面，有效丰富投资人保护工具箱，给予投资人更多维度救济措施。2019年，公开发行的债务融资工具中，有39.6%按照市场化原则在募集说明书中自主添加投保条款，实现对投资人更为全面的保护效果，进一步提振市场信心、保障企业融资顺畅、提高直接融资渠道稳定性。

（四）加强债券市场信息披露和信用制度建设

1. 进一步规范信用评级业信息披露

2019年11月，人民银行、国家发展和改革委员会、财政部、证监会联合发布《信用评级业管理暂行办法》，明确了行业规范发展的政策导向，建立健全统一监管的制度框架。信用评级行业正式进入统一监管时代，有助于推动中国金融市场向高质量发展。为加强信用评级业务自律管理，进一步规范信用评级机构的信息披露行为，强化利益冲突管理，交易商协会发布了《银行间债券市场非金融企业债务融资工具信用评级业务信息披露规则》和《银行间债券市场非金融企业债务融资工具信用评级业务利益冲突管理规则》。

2. 发布《资产支持证券临时报告信息披露指引》

2019年11月，上海证券交易所、深圳证券交易所发布了《资产支持证券临时报告信息披露指引》，着力解决资产支持证券临时报告信息披露的及时性、有效性和针对性问题，明确规范了临时报告信息披露的适用情形、披露内容与时限要求等，对于完善资产支持证券存续期信息披露体系，保护投资者合法权益，提升资产支持专项计划管理人、投资者等市场参与机构风险发现和防控能力具有重要意义。

3. 进一步规范债券发行企业信息披露

2019年，人民银行会同发展改革委、证监会发布《公司信用类债券信息披露管理办法（征求意见稿）》以及两份配套文件——《公司信用类债券募集说明书编制要求（征求意见稿）》和《公司信用类定期报告编制要求（征求意见稿）》，通过统一各类公司信用类债券信息披露内容、披露要件、披露频率等信息，推动实现公司信用类债券信息披露标准的统一，提高企业信息披露质量和透明度，进一步强化投资者保护机制，同时，对债券违约情形披露明确要求，完善市场化约束机制，促进我国债券市场持续健康发展。

4. 持续完善企业债券主承销商和信用评级机构信用评价

2019年，中央结算公司在国家发展改革委的指导下，不断完善企业债券主承销商信用评价指标体系，在2018年的评价体系中增加了优质企业债券承销只数等评价指标，引导主承销商加大对优质企业直接融资的支持力度。同时，加强评价结果的应用，连续两年在评价中排名后10位或未独立主承销企业债券的承销商，其担任优质企业债券主承销商的资格将受到限制。

五、对外开放

（一）对外开放政策不断完善

1. 完善境外机构债券发行配套制度

2019年1月，银行间市场交易商协会发布《境外非金融企业债务融资工具业务指引（试行）》，进一步明确境外非金融企业发行熊猫债的信息披露、募集资金用途、中介机构要求等安排。截至2019年末，熊猫债发行成果显著，中国债券市场熊猫债累计发行214只，发行金额3 750.7亿元，托管余额2 537.4亿元，其中，银行间市场累计发行2 509.0亿元，托管余额1 683.0亿元。

专栏 进一步完善熊猫债发行制度

2005年2月，中国人民银行、财政部、国家发展和改革委员会、中国证券监督管理委员会发布《国际开发机构人民币债券发行管理暂行办法》，但适用范围较小，仅限于发行人为国际开发机构。

近年来，熊猫债发行制度持续完善。2018年9月，中国人民银行、财政部联合发布《全国银行间债券市场境外机构债券发行管理暂行办法》（以下简称《办法》），同时，《国际开发机构人民币债券发行管理暂行办法》被正式废止。《办法》将国际开发机构、外国政府类机构、境外金融机构法人和非金融企业法人作为发行人纳入统一管理，并进一步明确境外机构在银行间债券市场发债所应具备的条件、申请注册程序，并规范了信息披露、发行登记、托管结算及人民币资金账户开立、资金汇兑、投资者保护等事项。《办法》为境外发行人提供了一个更加清晰的银行间市场熊猫债发行制度。

2019年1月，银行间市场交易商协会发布《境外非金融企业债务融资工具业务指引（试行）》（以下简称《指引》），适用于境外非金融企业在银行间市场发行债务融资工具。《指引》在非金融企业熊猫债发行的信息披露、募集资金使用、中介机构等方面进一步明确了核心制度安排，有助于推动熊猫债市场发展成为规则透明、机制高效、流程规范的市场。信息披露方面，《指引》明确了境外企业注册文件、发行环节信息披露文件、存续期信息披露文件、重大事项、披露时点、披露语言等要求。信息披露安排充分考虑国际市场的普遍做法和国内市场实际情况，较好地实现了投资者保护和调动境外机构发债积极性两方面的平衡。在募集资金使用方面，《指引》对非金融企业熊猫债募集资金使用问题进行了明确。熊猫债募集资金可根据相关法律法规及监管要求使用于中国境内或境外，募集资金的账户开立、跨境汇拨及信息报送等事宜，应符合中国人民银行及国家外汇管理局的有关规定。在中介机构方面，《指引》遵循“投资人风险自担是前提”“中介机构尽职履责是基础”的理念。投资人应自主判断投资价值，自担投资风险。提供中介服务的中介机构和人员应当勤勉尽责，严格遵守执业规范和职业道德，按规定和约定履行义务，并承担相应的法律责任。

2. 取消QFII和RQFII投资额度限制

2019年9月，国家外汇管理局公告取消合格境外机构投资者（QFII）和人民币合格境外机构投资者（RQFII）投资额度限制。取消限制后，具备相应资格的境外机构投资者，只需进行登记即可自主汇入资金开展符合规定的证券投资，进一步便利合格境外机构投资者配置人民币资产。

3. 信用评级行业对外开放

2019年1月，标普信用评级（中国）有限公司获准进入银行间市场对各类债券开展信用评级业务，并于7月11日正式发布首份评级报告。2019年7月，国务院金融稳定发展委员会办公室发布11条扩大金融业对外开放措施，其中包括允许外资机构在华开展信用评级业务时，可以对银行间债券市场和交易所债券市场的所有种类债券评级，这将促进更多具有国际影响力且符合条件的外资信用评级机构进入中国市场。

4. 外资银行成为债务融资工具A类主承销商

2019年7月，金融委办公室发布11条扩大金融业对外开放措施，其中包括允许外资机构获得银行间债券市场A类主承销牌照。2019年8月，交易商协会组织了外资银行A类主承销业务市场评价；依据评价结果，新增德意志银行（中国）有限公司、法国巴黎银行（中国）有限公司为非金融企业债务融资工具A类主承销商。允许外资银行开展A类主承销业务，有助于进一步丰富外资机构服务国内实体经济的手段，并为境内企业发债融资引入更多的境外投资需求。

5. 便利境外投资者入市

2019年7月，金融委办公室发布11条扩大金融业对外开放措施，其中包括进一步便利境外机构投资者投资银行间债券市场。2019年，人民银行积极推动相关措施落地，切实便利境外投资者入市：一是推进托管行建设，促进境内债券市场制度规则与国际体系有效衔接；二是大幅缩减央行类机构入市流程周期，优化更新《境外央行类机构进入境内银行间市场指引》，提升境外央行类机构投资代理服务能力和水平；三是人民银行会同外汇管理局制定了《关于进一步便利境外机构投资者投资银行间债券市场有关事项的通知》，允许同一境外主体通过QFII/RQFII和直接投资渠道入市的，只需备案一次。

（二）市场定价、交易机制更加灵活健全

1. 进一步升级“债券通”功能

2019年，“债券通”各项机制进一步完善：一是新增“债券通”境内报价机构13家，共47家，提升市场流动性；二是推出指示性报价功能，支持“债券通”报价机构对境外投资者做市；三是推出一揽子交易功能，支持境外投资者一次性完成买卖多只债券的询价和成交，进一步提高交易效率，方便指数类投资者快速完成人民币资产配置。

2. 延长境外机构投资者债券交易结算周期

2019年8月，外汇交易中心、中央结算公司和上海清算所联合发文，在已有的T+0、T+1和T+2结算周期的基础上，为境外投资者投资银行间债券市场增加T+3的结算周期选择，进一步便利境外投资者追踪相关指数、配置人民币债券资产。

3. 允许同一境外主体债券非交易过户和资金划转

2019年10月，人民银行会同国家外汇管理局制定了《关于进一步便利境外机构投资者投资银行间债券市场有关事项的通知》，允许同一境外主体通过QFII/RQFII和直接入市渠道投资的债券进行非交易过户，资金账户之间可以直接划转。此举将进一步完善银行间市场制度，提高境外机构投资者入市投资的便利性，有助于提升我国金融市场开放的广度和深度。

4. 优化境外机构债券投资项下汇率风险管理

2019年11月，国家外汇管理局发布了《关于完善银行间债券市场境外机构投资者

外汇风险管理有关问题的通知（征求意见稿）》[①]，允许境外机构投资者在银行间市场使用境内人民币对外汇衍生品，按照套期保值原则管理投资银行间债券市场产生的外汇风险敞口，并可通过主经纪模式或直接入市模式参与外汇衍生品交易，为境外机构提供了更多的外汇对冲渠道，进一步便利境外机构管理外汇风险。

（三）对外开放融合度不断加深

1. 境外机构参与银行间市场程度不断提高

2019年，银行间债券市场新增220家境外法人机构投资者，其中“债券通”渠道下新增205家。境外机构交易活跃度显著提升，全年现券成交量5.3万亿元，同比增长66.0%。截至年末，境外机构在银行间债券市场的债券托管总量为2.2万亿元，同比增长27.4%。截至2019年末，银行间市场的境外发债主体已包括外国政府类机构、国际开发机构、金融机构和非金融企业等，累计发行人民币债券2 509.0亿元。

2. 中国债券市场被纳入国际主流债券指数进程加快

自2019年4月1日起，以人民币计价的中国国债和政策性银行债券被正式纳入彭博巴克莱全球综合指数；2019年9月，摩根大通宣布，自2020年2月28日起将9只以人民币计价的高流动性中国政府债券纳入摩根大通全球新兴市场政府债券指数。受此影响，境外投资者不断加大对中国债券资产的配置，尤其是境外被动型资产管理产品，全年共有59家资产管理人管理的251只追踪国际债券指数的境外产品完成备案入市。

专栏　中国债券市场逐步被纳入国际主流债券指数

作为全球第二大债券市场，中国债券市场的国际影响力正不断提升，对外开放程度进一步扩大，2019年以来，中国债券市场逐步被纳入国际主流债券指数。

目前，国际金融市场影响力较大的债券指数供应商有彭博、富时罗素和摩根大通三家公司。自2019年4月1日起，以人民币计价的中国国债和政策性银行债券开始被纳入彭博巴克莱全球综合指数，并将在20个月内分步完成。在被完全纳入后，人民币债券资产将在该指数总市值中占比超过6%，以人民币计价的中国债券将成为继美元、欧元、日元之后第四大计价货币债券。2019年9月，美国摩根大通宣布，自2020年2月28日起的10个月内，计划将9只以人民币计价的高流动性中国政府债券纳入其旗下摩根大通全球新兴市场政府债券指数系列。此次纳入的中国国债将在完全纳入后达到该指数10%的权重上限。富时罗素也已将中国列入其追踪资金量最大的富时世

① 2020年1月，国家外汇管理局已正式发布《关于完善银行间债券市场境外机构投资者外汇风险管理有关问题的通知》。

界国债指数的观察国家，并将于2020年9月正式对外公布是否将中国国债纳入其中。

中国债券被纳入国际主要指数是中国债券市场开放的又一重大成果，体现了中国在全球金融市场上的地位不断提升，也反映了国际投资者对中国市场的信心，有利于增强指数的代表性和吸引力，有利于全球投资者更合理地配置债券资产。

3. 扩展绿色债券信息分享范围

2019年3月，上海清算所、上海证券交易所和深圳证券交易所分别与卢森堡证券交易所达成合作，进一步扩展绿色债券信息分享范围。其中，上海清算所与卢森堡证券交易所签署合作协议，为绿色债券发行人提供境内外同步信息披露服务；深圳证券交易所与卢森堡证券交易所合作，正式启动“绿色固定收益产品信息通”；上海证券交易所与卢森堡证券交易所签署绿色债券信息通合作协议补充协议，正式启动绿色债券东向展示。截至2019年末，沪深交易所在信息通上共展示25只绿色债券，总金额335.1亿元。扩展绿色债券信息分享范围有助于提升我国资本市场绿色固定收益产品的国际影响力，推动绿色产品服务的双向互通，深化绿色金融领域跨境合作，促进全球绿色金融发展。

4. 在境外发行国债、主权债券和央票取得新进展

2019年，人民银行在中国香港发行央票12期，募集资金1 500亿元，期限品种日益丰富，并逐步建立了在中国香港发行央票的常态化机制。财政部在中国香港发行人民币国债6期，募集资金120亿元，同比增长20%，并顺利发行60亿美元主权债券；在中国澳门首次发行20亿元人民币国债，受到离岸市场广泛欢迎，并将推动中国澳门特色金融业的发展；在法国发行40亿欧元主权债券，为中国政府15年以来第一次发行欧元主权债券，受到投资者的踊跃认购，反映出国际资本市场对中国经济发展前景的良好预期。

六、发展展望

一是提升融资功能，提高服务实体经济的质效。将进一步优化债券发行管理制度，积极推动债券产品创新；将加大对民营企业债券融资支持力度；将继续支持商业银行等金融机构发行资本债券，增强信贷投放能力。二是将完善配套制度与基础设施，提升债券发行效率。随着新证券法的正式实施，公司债券的发行条件得以放宽，实施以信息披露为核心的注册制，将大幅简化审核流程，债券的发行效率将得到大幅提升，有利于企业融资，债券市场化程度显著提高。三是将加快债券市场产品及工具的创新，切实提升债券市场资源配置效率，提高债券流动性，为企业创造更多的融资机会。四是推进债券市场互联互通，为境内外投资者提供便利。主要包括加强银行间市场和交易所市场的制度衔接，统筹重要金融基础设施监管，进一步推进债券市场评级业务资质的统一等。五是加强体制和机制建设，持续提升风险防范能力。具体包括稳定债券市场预期，做好违约风险的动态监测，完善债券转让、置换、展期等市场化处置规则，严厉打击逃废债行为等。六是持续优化完善制度，推动债券市场高水平对外开放。具体包括丰富境外投资者类型和数量，逐步推动境内结算代理行向托管行转型，扩展境外机构投资者进入交易所债券市场的渠道，研究制定交易所市场熊猫债管理办法等。债券市场将紧紧围绕服务实体经济、防控金融风险和深化金融改革三项任务，以创新驱动和改革开放为两个轮子，进一步加强体制机制建设和产品创新，着力推动高质量发展，更为有效地发挥资源配置功能。

专题三　商业银行发行无固定期限资本补充债券

商业银行监管资本是指商业银行自身拥有的或可以永久支配、使用的资金，对维持银行正常经营，抵御系统性金融风险具有重要作用。现行监管框架下，商业银行监管资本包括核心一级资本、其他一级资本和二级资本。永续债又称为无固定期限资本债券，没有固定的债券到期期限，或是到期日为机构存续期，具有一定损失吸收能力，可计入银行其他一级资本。国际实践中，永续债是商业银行补充其他一级资本的常用工具。

近年来，受多重因素影响，商业银行面临的资本约束加大。宏观层面，国际监管标准不断趋严、国内监管规则不断完善等因素要求商业银行储备充足的监管资本。微观层面，商业银行风险加权资产增速较快、业务转型的资本占用、系统重要性影响升级等因素也加大了商业银行的资本补充压力。

为保障商业银行支持实体经济的可持续性，金融稳定发展委员会提出发行银行永续债，用以补充商业银行一级资本。商业银行永续债具有积极意义：一是有利于商业银行充实资本，优化资本机构、稳健可持续发展。二是进一步加大对实体经济的信贷投放力度，强化小微企业、民营企业融资支持，防范和化解金融风险，更好地服务实体经济发展。三是有利于增加债券市场的品种，满足不同投资者的偏好，加强多层次资本市场建设，推动市场深化发展。

为支持永续债发行，中国人民银行和银保监会出台多项措施。一是中国人民银行创设央行票据互换工具，公开市场业务一级交易商可以使用持有的合格银行发行的永续债从中国人民银行换入央行票据，增加持有银行永续债的金融机构的优质抵押品，提高银行永续债的市场流动性，增强市场认购银行永续债的意愿，从而支持银行发行永续债补充资本。二是银保监会允许保险机构投资商业银行发行的无固定期限资本债券，丰富保险资金的配置范围，同时支持商业银行充实资本。

2019年，我国共有15家商业银行成功发行永续债，累计发行规模5 696亿元。其中，除国有大型银行、股份制商业银行之外，3家中小银行共发行146亿元。中小银行成功发行永续债具有积极意义，未来将会有更多中小银行采用该渠道补充资本。截至2019年末，商业银行一级资本充足率和资本充足率分别为11.95%和14.64%，同比分别增长0.37个和0.44个百分点，其他一级资本增长明显。

专题四 推进债券违约处置机制建设

2019年，人民银行、证监会等部门按照市场化、法治化原则，指导银行间市场交易商协会完善相关制度，充分发挥受托管理人和债券持有人会议制度在债券违约处置中的核心作用，推动银行间债券市场交易平台、债券托管结算机构和交易所开展违约债券转让业务，不断健全债券违约处置机制建设。

一、健全债券违约处置机制

交易商协会组织市场成员制定了《银行间债券市场非金融企业债务融资工具违约及风险处置指南》（中市协发〔2019〕161号）、《银行间债券市场非金融企业债务融资工具受托管理人业务指引（试行）》及其配套文件（中国银行间市场交易商协会公告〔2019〕24号发布）、《银行间债券市场非金融企业债务融资工具持有人会议规程（修订稿）》（中国银行间市场交易商协会公告〔2019〕24号发布），并于2019年12月27日正式发布实施。上述制度聚焦银行间市场违约处置问题，为建立健全债务融资工具违约处置机制、明确债券违约的处置路径、丰富市场化处置手段提供了制度保障。2019年6月，中央结算公司发布《担保品违约处置业务指引（试行）》，对债券违约后的担保品处置流程进行了规范。市场成员使用在中央结算公司托管的债券作为履约保障担保品的相关业务，在出现债券违约情形后，可委托办理担保品违约处置（包括协议折价、拍卖和变卖），以实现担保物权。2019年8月，首场担保品违约处置拍卖顺利完成，质权方全额处置质押债券，拍卖处置资金超额覆盖回购交易标的债权金额（含罚息等），有力保障了质权方的权益。2019年，外汇交易中心和北京金融资产交易所分别通过匿名拍卖和动态报价形式试点开展到期违约债券转让业务。截至2019年末，银行间市场通过匿名拍卖方式累计开展4次到期违约债券拍卖，涉及13只标的债券；通过动态报价方式累计公示20笔转让报价，涉及8只标的债券，券面总额约9.4亿元。

在交易所市场，2019年5月，上海证券交易所和深圳证券交易所发布了《关于为上市期间特定债券提供转让结算服务有关事项的通知》（上证发〔2019〕59号）及《关于为挂牌期间特定非公开发行债券提供转让结算服务有关事项的通知》（上证发〔2019〕60号），建立适应特定债券特点和满足市场化风险化解处置需要的转让制度安排，为风险处置各方创造市场条件，探索建立市场化、法治化违约处置机制提供实践场所。2019年，交易所共为115只特定债券提供转让服务，成交金额30.93亿元，转让债券面值合计61.41亿元。

二、完善回购交易违约处置机制

2019年6月，外汇交易中心发布《全国银行间同业拆借中心回购违约处置实施细则（试行）》，明确回购违约担保品处置业务流程，有效防范局部风险蔓延，保障守约方利益，维护市场信心。2019年，外汇交易中心合计收到超过60单回购违约处置拍卖申请，共组织开展了14场16轮次回购违约处置匿名拍卖，为近百笔质押式回购交易的守约方挽回损失。此外，该机制还引入了单场次多轮拍卖机制，在风险可控的前提下创造性解决了低信用等级担保品处置难的问题。同期，上海清算所制定了《银行间市场清算所股份有限公司债券回购违约处置业务实施细则（试行）》和《银行间市场清算所股份有限公司回购债券拍卖处置业务实施细则（试行）》（清算所发〔2019〕94号），明确了违约处置的范围、方式和流程，明确债权方可提出处置申请，保障债权方的权益。回购违约处置细则的明确，有助于提升回购违约处置效率，改善资金融出方的信心和融出意愿，恢复中小机构融资能力，缓解流动性传导不畅问题。2019年9月，北金所发布《北京金融资产交易所有限公司债券回购违约处置实施细则（试行）》（北金所发〔2019〕118号），回购交易中的守约方可委托北金所通过动态报价进行市场化拍卖处置相关回购债券。

第四章　股票市场

2019年，股票市场运行状况全面向好。沪深两市融资规模显著增加，二级市场活跃度明显回升，市场波动性整体下降，主要指数全线上行。设立科创板并试点注册制等重大改革成功落地，资本市场改革与创新稳步推进。市场、机构、产品双向开放持续深化，高水平对外开放稳步推进。各项提高上市公司质量、服务实体经济高质量发展措施成效明显，资本市场"晴雨表"功能进一步发挥。守住风险底线，加强监管和防范化解资本市场重点领域风险取得阶段性成效。

一、运行情况

（一）融资与发行情况

2019年沪深两市融资总规模上升①。全年两市共637家公司进行了首发（IPO）、增发、配股、发行优先股、可转债和可交换债等在内的融资活动，同比增长25.15%；融资总规模达15 413.25亿元，同比增长27.30%。其中两市IPO融资规模扩张，全年共计203家公司IPO，同比上升93.33%；IPO融资规模达2 532.48亿元，同比上升83.76%。上市公司全年共计248家公司增发股份，同比下降7.12%；增发规模为6 798.20亿元，同比下降9.64%。

优先股、可转债和可交换债发行规模上升，配股规模下降。沪深两市共计6家上市公司发行优先股，同比减少1家；发行规模为2 550.00亿元，同比增长88.92%。106家上市公司发行可转债，同比增长37.66%；发行规模为2 477.81亿元，同比上升131.33%。62家上市公司发行可交换债，同比增长63.16%；发行规模为831.38亿元，同比上升49.39%。另外，9家上市公司进行配股，同比下降40.00%；配股规模为133.88亿元，同比下降41.36%。

① 本章沪深两市均指A股市场，如无特殊说明数据来源于Wind资讯。

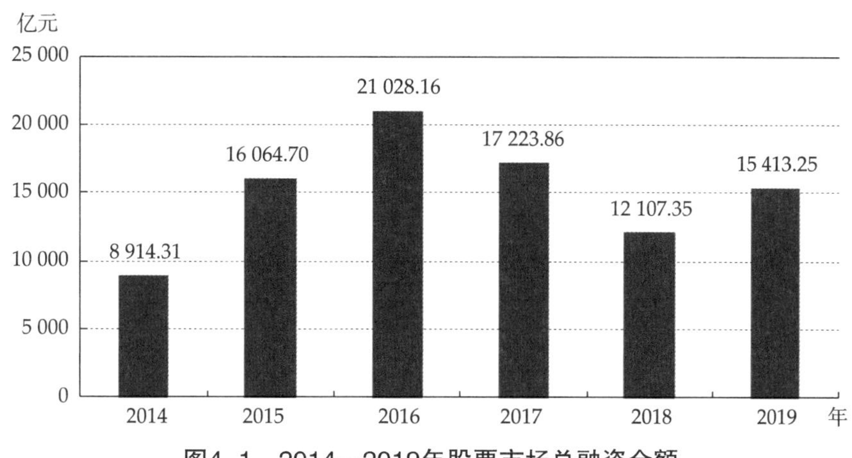

图4-1 2014—2019年股票市场总融资金额

（二）交易与持股情况

2019年，沪深两市A股累计成交127.36万亿元，同比大幅增长41.34%。其中，沪市主板累计成交53.1万亿元，同比增长32.22%，科创板累计成交1.3万亿元，日均成交量达120亿元。深市主板累计成交46.56万亿元[①]，同比增长24.74%，中小板累计成交31.07万亿元，同比增长52.56%，创业板累计成交23.16万亿元，同比增长45.79%。2019年，机构投资者沪市、深市交易占比分别为23.99%和20.38%；个人投资者沪市、深市交易金额占比分别为76.01%和79.62%。两市交易以个人投资者为主。

截至2019年底，机构投资者持有沪市A股流通市值23.9万亿元，占比为79.41%，同比减少0.97个百分点；个人投资者持股市值6.19万亿元，占比为20.59%，同比增加0.97个百分点；机构投资者持有深市A股流通市值11.23万亿元，占总持股市值的56.45%，同比增加3.69个百分点；个人投资者持股市值达8.66万亿元，占比为43.55%。两市持股以机构投资者为主。

（三）市场指数与波动性情况

2019年，沪深两市主要股指全线上行。其中，上证综指于年初触底后震荡上涨，全年最高3 288.45点，最大涨幅31.9%，年末收盘报3 050.12点，全年涨幅22.3%。深证成指、中小板指和创业板指全年呈现震荡上行行情，年末分别收报于10 430.77点、6 632.68点和1 798.12点，全年涨幅分别为44.08%、41.03%和43.79%。

2019年，股票市场波动性整体下降。其中上证综指振幅34.7%，较2018年下降约12个百分点，涨跌幅超过1%的天数为66天，较2018年减少16天。深市A股年均收益波动率和分时波动率分别为39.39个和47.09个基点，较2018年下降14.83%和0.24%，处于近十年来的低位水平。

① 如无特殊说明，深市数据来源于深圳证券交易所中心数据库。

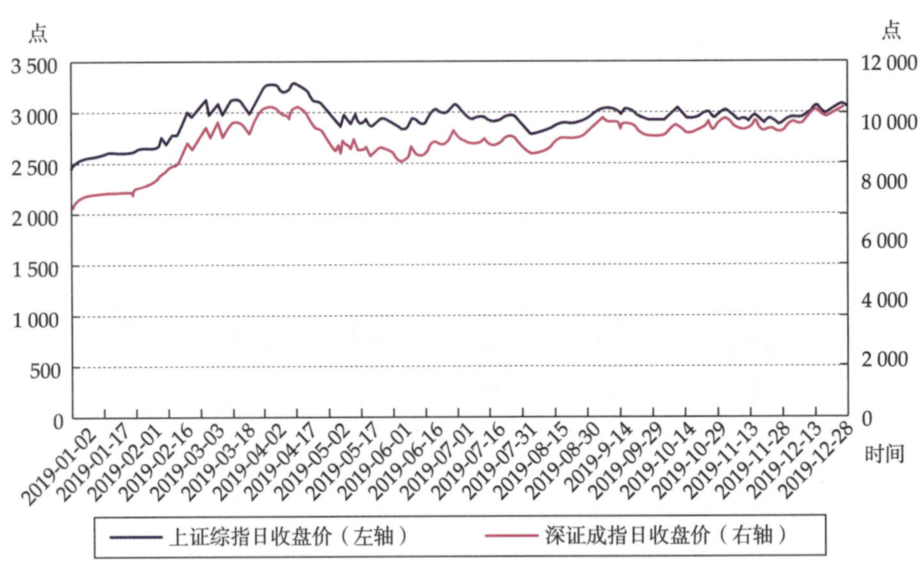

图4-2　2019年沪深两市主板指数走势

（数据来源：Wind）

二、运行的主要特点

（一）融资结构继续优化，科创企业支持力度加大

2019年，沪市完成首次公开发行123家，较2018年增加66家，合计募集资金1 844亿元，同比增长113%，其中包括70家科创板上市公司，筹资824亿元，占比为45%。

2019年以来，深市完成首次公开发行78家，较上年增加30家，合计募集金额645.88亿元，同比增长25.86%。其中共有47家高端技术企业实现IPO，融资金额410.59亿元。截至2019年末，深市2 205家上市公司中，高科技企业超过1 000家，总市值超过20万亿元。另外，深圳证券交易所与科技部合作搭建创新创业投融资服务平台，为10 000多家创新和高科技企业提供融资服务。据不完全统计，平台上有超过1 100家企业成功募集资金，累计募集资金超过350亿元人民币。

（二）市场运行重心上移，大盘股走势好于中小市值股

2019年，沪深两市估值修复、市场情绪逐渐消化。其中沪市大盘蓝筹股涨幅居前，代表核心大、中、小市值股的上证50指数、上证100指数、上证150指数分别上涨33.6%、26.5%和21.5%。科创板截至2019年末，超过9成公司较发行价表现为上涨，平均涨幅82.4%，涨跌幅中位数为上涨67.8%。

深市三大股指（深证成指、中小板指和创业板指）全年震荡上行，涨幅均超过40%；相比之下，中小创新、深证700和中小基础指数涨幅小于深市三大指数，分别为26.86%、27.68%和34.11%。深市市值1 000亿元以上、500亿元至1 000亿元、100亿元至500亿元、100亿元以下上市公司股票涨跌幅的中位数分别为72.92%、85.13%、56.57%和22.41%，500亿元以上市值的大盘股走势好于市值500亿元以下的中小盘股。

（三）市场运行呈现阶段性特点，风险偏好先高后稳

2019年，股票市场全年经历快速上涨、大幅回落和震荡整固多个阶段。第一季度，在内外部环境整体偏暖的背景下，市场估值修复，投资者风险偏好较高，股指涨幅较大。5月后，中美经贸争端风险提升，叠加市场积累一定内生性调整需求，市场价格回调，市场风险厌恶水平提升，股指自高位回落。下半年以来，宏观经济下行压力加大，中美经贸摩擦反复，同时国内逆周期政策发力，市场维持震荡向上格局，投资者风险偏好趋于稳定，市场价格缓慢上行。2019年末，中美两国就贸易战达成第一阶段经贸协议、证券法获得修订通过，市场预期稳定，投资者信心趋稳，股指持续上行。

（四）对外开放持续推进，专业机构市场影响力有所提升

伴随着资本市场双向开放和互联互通、“入摩”“入富”等一系列政策措施的推动下，境外指数对A股纳入因子进一步提升。截至2019年末，境外资金通过QFII、RQFII和沪股通合计持有沪市流通股市值的比例为4.03%，高于2018年的3.16%；2019年境外资金合计交易金额占沪市交易金额的比例合计为5.58%，高于2018年的4.37%。境外资金持有深市流通股市值的比例为4.48%，高于2018年的3.11%，全年境外资金合计交易金额占深市交易金额的比例合计为3.95%，高于2018年的2.79%。截至2019年末，机构投资者持有沪市A股流通市值占比为79.41%，继续保持了较高水平；深市A股机构投资者持股占比为56.45%，较2018年提高了3.69个百分点。包括外资在内的机构投资者在A股市场上的影响力有所提升。

三、改革与创新

（一）设立科创板并试点注册制平稳落地

2018年11月5日，国家主席习近平宣布“在上海证券交易所设立科创板并试点注册制，支持上海国际金融中心和科技创新中心建设，不断完善资本市场基础制度”。2019年6月13日，科创板正式开板，试点注册制平稳实施。截至2019年末，共有70家公司实现挂牌上市，募集资金达824亿元，融资渠道畅通。科创板公司三季度报营收增长中位数为21.7%，净利润增长中位数为26.1%，均大幅高于同期沪市主板公司的业绩情况，科创板公司成长亮眼。科创板开板后市场交易平稳，新股上市后前五日博弈较为充分，涨跌幅快速收敛，换手率较快回落至合理水平，涨跌停板鲜见，股价未出现大幅波动，定价体系高效。

（二）修改上市公司股份回购和重大资产重组相关规定

2019年1月，上海证券交易所发布了《上海证券交易所上市公司回购股份实施细则》（以下简称《细则》）。根据《细则》进一步完善了已回购股份出售制度，强化了特殊主体回购期间的减持限制和披露义务，规范了已回购股份用途变更。一方面，通过增加股份回购情形、拓宽回购资金来源、适当简化实施程序，为上市公司提供更加灵活便捷实施股份回购的渠道；另一方面，针对可能

出现的违法违规行为，如“忽悠式回购”等问题，构建市场约束和监管介入相结合的双重预防机制，形成长效、共赢和可持续的市场机制。

2019年10月18日，证监会正式发布施行《关于修改〈上市公司重大资产重组管理办法〉的决定》（以下简称《重组办法》），主要修改内容包括：一是简化重组上市认定标准，取消“净利润”指标。二是将“累计首次原则”计算期间进一步缩短至36个月。三是允许符合国家战略的高新技术产业和战略性新兴产业相关资产在创业板重组上市，其他资产不得在创业板实施重组上市交易。创业板上市公司实施相关重大资产重组应当符合《重组办法》条款及其他相关规定。四是恢复重组上市配套融资。五是丰富重大资产重组业绩补偿协议和承诺监管措施，加大问责力度。此外，明确科创板公司并购重组监管规则衔接安排，简化指定媒体披露要求。据此，上海证券交易所于12月发布《上市公司重大资产重组信息披露业务指引》，通过较大幅度简化信息披露要求，降低公司信息披露成本，推动提高并购重组效率。深圳证券交易所落实重大资产重组的市场化改革，全年披露重组方案150家次，交易金额合计5 134.26亿元，同比增长8.62%；完成重大资产重组97家次，交易金额合计4 325.73亿元（不含配套融资），同比增长87.50%，并购重组积极作用不断显现。

（三）创新发展基金市场

2019年，包括2只央企结构调整ETF、3只央企创新驱动ETF、3只“一带一路”主题ETF、首只长三角ETF和中证可持续发展100ETF等在内的多只服务国家战略、推进改革创新的ETF 产品在上海证券交易所成功发行。全年共有193只ETF挂牌上市，市值规模约5 963亿元，分别较2018年底增长44%和37%，总成交额约6.8万亿元。ETF市场投资者达到260万人，较2018年翻番。上海证券交易所ETF市场交易量稳居亚洲第一，市场规模已跃居亚洲第二。

2019年，银华央企结构调整ETF、华夏四川国企改革ETF、富国央企创新驱动ETF、弘毅远方民企领先100ETF、粤港澳大湾区系列ETF产品等紧贴实体经济需要、服务创新驱动发展、国企改革、支持民营企业发展、服务粤港澳大湾区国家战略等的新型ETF先后在深圳证券交易所成功上市。实物申赎的跨银行间市场债券交易型开放式指数基金开发取得实质性进展，有力推动了银行间市场和交易所市场的互联互通和协同发展。境内首批商品期货ETF产品——华夏饲料豆粕期货ETF、建信易盛郑商所能源化工期货ETF、大成有色金属期货ETF在深圳证券交易所发行上市，为投资者提供了配置商品期货市场的工具。全年共有70只ETF在深圳证券交易所挂牌上市，市值规模约1 157亿元，分别较上年增长32%和58%，总交易金额达1.9万亿元。

（四）强化市场监管工作

1. 强化上市公司信息披露监管

2019年，上海证券交易所共督促披露风险提示公告近1 200次，对股票交易情况提请关注或核查570家次。具体包括：妥善处置*ST毅达管理层失联、中国蓝田收购东方金钰等市场高度关注个案。加大定期报告重点审核力度，紧盯存贷双高类公司和不当盈余管理，提高财务信息披露透明度。大力抑制工业大麻、区块链等概念炒作，加强并购重组监管，密切关注“三高类”“忽悠式”并购重组，并购重组概念炒作显著降温。实施推动提高上市公司质量专项行动，加强上市公司培训，强化大股东、董监高监管，督促上市公司规范运作。强化日常信息披露审核问询与现场检查的联动性，推进“穿透式”核查等。坚决维护市场秩序。

2019年，深圳证券交易所发出包括定期报告审核问询函、异常交易关注函在内的日常监管问询关注函件3 100份，发出提请会计师事务所等中介机构关注函件190份，移交线索超过90条，涵盖上市公司财务会计、规范运作、公司治理等多个方面，杜绝部分上市公司在其公告中恶意隐瞒、蹭热点、炒概念等对市场造成恶劣影响的行为。2019年，深圳证券交易所处理重大事项披露违规案件共计33单，对48起此类案件中的上市公司及相关责任人予以处分，引导上市公司提高信息披露质量，切实做到真实、准确、完整。

2. 加强市场违法违规行为监管

2019年，上海证券交易所全面履行监管职能，加强交易全程监管，严打违法违规行为。具体包括：一是立足实时全景穿透式的交易监控优势，及时识别、果断遏制异常交易和违法违规行为。二是紧扣监管和稽查执法重点，精准、高效核查和上报内幕交易、操纵市场等案件线索，同时协助执法机关查处了罗山东操纵市场案等一批模式新、影响广、危害深的大案要案，对违法违规交易持续保持高压态势。三是持续加大科技监管资源投入，将人工智能、大数据、云计算等前沿科技引入交易监管领域，实现与监管系统的深度融合，构筑了以一线监管逻辑为核心、数据挖掘等为手段的科技监管体系，提升了违法违规行为的核查效率，极大推进了科技赋能监管进程。

2019年，深圳证券交易所全年共发出纪律处分决定书215份，同比增长39.61%，资金占用、违规担保、重大事项披露违规、承诺未履行等上市公司类违规行为，成为监管“重拳出击”的主要方面。交易监管方面，深圳证券交易所全年共对1 504起证券异常交易行为采取了自律监管措施；共对372起上市公司重大事项进行核查，并上报176起涉嫌违法违规案件线索。具体包括：一是持续做好依法依规监管。2019年，深圳证券交易所全面优化自律监管规则体系，启动对《上市公司规范运作指引》等规则的修订工作，充实纪律处分监管依据，让纪律处分“有规可循”。二是对“关键少数”予以精准监管。针对因控股股东、实际控制人、董事长等关键主体主导的上市公司违规案件，突出对违规行为决策者、主要负责人的责任追究，持续提升纪律处分的公正性和公平性。三是进一步扩大处分主体范围。首次对在股票质押业务中违规的9家会员，采取3个月至9个月不等的暂停股票质押回购交易权限处分，防范潜在的质押风险，实现监管的“全方位覆盖”。四是上市公司及相关责任人仍为监管重点。深圳证券交易所全年共对112家次上市公司和693人次相关当事人予以纪律处分，同比分别增长31.76%和13.42%。全年共计对13人次严重违规的董监高予以公开认定不适合担任相关职务，并首次对会员采用暂停交易权限的处分。

3. 压实压严会员中介机构责任

2019年上海证券交易所发布《上海证券交易所会员管理规则（2019年修订）》，完善会员客户管理制度，夯实会员自律管理，强化投资者保护。同时，不断完善重点监控账户制度，建立相应的配套机制，着力推动会员发挥协同监管作用，市场监管合力得到进一步加强。

2019年深圳证券交易所切实推动会员发挥证券市场“看门人”作用，主要包括：一是修订发布《会员管理规则》，要求会员加强对客户交易行为的管理，做到“事前认识客户、事中交易监控、事后报告异常”，进一步压实会员职责。二是发布《会员客户股票交易行为监测监控参考要点（试行）》，支持、帮助会员完善交易监测监控系统，充分发挥行业自律作用。三是对5家会员客户交易行为管理开展现场检查，对97家会员开展非现场检查，同时针对全体会员开展2019年证券公司客户管理专题培训，推动会员认真贯彻落实职责。四是加大违规处罚力度，对9家会员因股票质押业务违规采取纪律处分，对13家会员因客户管理、系统管理等违规采取14次自律监管措施。

4. 运用领先技术赋能市场监管

2019年，基于上海证券交易所大数据平台，交易监管全面集成了交易持仓数据、账户开户数据、交易终端数据、监管历史数据以及网络舆情、公司公告等信息，充分发挥了监管大数据的联动分析效能。此外，在技术上运用了机器学习、知识图谱、文本挖掘等大数据处理和智能分析新技术，进一步提升了科技监管的数据可视化、操作自动化、模型智能化水平。

2019年，深圳证券交易所继续全方位提升科技监管、智能监管水平，实现远程智能化、实时化市场分析监控，及时地监测创新业务风险点和违规点。在风险识别方面，监管科技覆盖市场多层次主体的风险识别，有效降低监控众多长尾机构的工作量，提高风险识别的效率。在交易监管方面，稳步推进新一代监察系统建设工作，利用流计算、数据挖掘、可视化等大数据技术，探索关联账户合并预警、投资者画像、证券画像等智能化应用。在上市公司监管方面，深圳证券交易所自主研发的智能监管辅助系统“企业画像”一期、二期项目已陆续上线，实现了信息披露、舆情信息、举报信息的交叉可比性分析，做到风险提前防范和化解。在关联关系识别方面，企业画像汇集超过5 500万条的市场主体海量数据，并不断扩充数据来源，支持自然人关系搜索、资本系分析等功能，有效识别市场主体间的隐性关系。

（五）多措并举防范化解重大风险

1. 防范化解股权质押风险

一是分类处置风险，重点关注控股股东高比例质押公司，形成专门工作机制，并定期更新台账，动态摸清风险。二是大力推动个案突破，通过多种方式了解纾困过程中实际困难，积极提供政策空间，形成多元化纾困模式。三是通过组织专项培训座谈、提供一对一纾困服务，优先支持一批有主业、讲规范的困难公司遵循市场化、法治化原则化解风险。四是加强关键少数监管，从严监管资金占用行为。同时，修订股份质押信息披露指引，引导审慎办理高比例质押。

截至11月底，沪深两市股票质押回购融资余额9 429亿元，较第二季度末下降11.8%，延续2018年2月以来的持续下降态势。股票质押回购质押股票总市值1.8万亿元，占A股总市值的3.3%，较第二季度末下降0.6个百分点，较2017年底峰值下降2.9个百分点。股票质押回购整体业务规模持续下降，市场整体风险明显缓解。

2. 稳妥处置上市公司退市风险

全面排查可能暂停上市的公司情况，强化信息披露与风险提示；加强股票强制退市工作正面宣传，促进市场主体对退市制度的理解和认识等，进一步防范上市公司退市风险；严格执行退市制度，把好退市出口关，促进“僵尸企业”“空壳公司”出清，努力培育形成优胜劣汰的市场生态，促进上市公司专注主业，改善经营，维护证券市场健康发展。沪市方面，2019年共稳妥实施*ST上普主动退市、*ST海润强制退市、*ST大控面值退市和*ST华业面值退市，对*ST毅达、*ST保千实施暂停上市，并做好5家上市公司破产重组的监管应对，充分做好后续退市的风险提示。深市方面，2019年共对7家触及强制退市标准的公司作出股票终止上市决定，较2018年增加5家，其中，*ST长生为全市场首单重大违法强制退市，*ST神城等4家公司因股价连续低于面值终止上市。上市公司退市常态化机制逐步完善。

3. 完善各项市场风险处置预案

2019年，上海证券交易所修订并重新发布了《上海证券交易所风险管理办法（2019年修订）》，将近年来风险管理实践经验和实际情况总结修订到风险管理办法中。在市场风险处置方面，上海证券交易所制定了《上海证券交易所市场重大风险防控制度》，对市场重大风险及定义、风险防控目标及原则、风险防控组织架构、风险监测与预警、逆周期调节措施等方面进行了详细规定。同时，上海证券交易所制定了《上海证券交易所市场重大风险防控应急预案》，该预案适用于因市场发生重大波动、相关业务条线、市场机构或关联市场出现重大风险事件等情况下，需要进行紧急研究分析相关风险或采取风险防控措施的应急处置。

2019年，深圳证券交易所设立了风险管理委员会，组织协调跨部门、跨产品、跨市场风险防控，统筹协调全所风险管理工作；制定并发布《应急预案编制指引》，包括试行重要应急预案评审机制、统筹安排应急演练等在内，加强风险应急预案专业化管理；包括完善风险定期评估机制、防控跨市场风险及国际风险外溢、开展压力测试、强化创新业务风险评估机制、组织操作风险专项排查等在内的各项定期及专项风险评估措施出台，全面健全市场风险防控体系。

4. 完善证券市场统计监测工作

一是优化市场统计监测指标体系，探索监测预警模型研发。从基本面、投资者情绪、股市流动性等维度研究编制基于多种风险指标的上证景气指数。及时测算融资买入占比报警阈值、密切跟踪ETF交易情况、提前研发设计期权等新业务分析指标。探索市场风险预警模型研发，测算TRL趋势等部分预警指标。二是加强市场风险动态监测，强化创新业务事前评估。建立市场风险动态监测机制，优化盘中快速反应和热点跟踪机制，加强敏感时期和关键时段预研预判。重点强化境外资金、杠杆资金、增量资金流向监测，加强交易行为分析研究。强化创新业务风险事前评估，提前制订应对预案，保障创新业务平稳推出。三是逐步搭建统一风险监测平台，提高风险管理智能化水平。利用数据挖掘、文本挖掘等大数据技术，开发建设市场运行、股票质押、融资融券、债券违约等风险监测系统，持续推进风险管理信息系统建设，逐步搭建统一的风险管理和监测预警平台，提升风险管理智能化水平。以风险和问题为导向，实现重点业务风险监测信息化、规范化、模块化，有效支持风险监测监控与预研预判。通过持续优化多层次多维度风险防控预警指标体系，不断提升市场风险监测和预警能力。

四、双向开放

（一）进一步拓展互联互通机制

1. 中日ETF互通落地

2019年6月25日，上海证券交易所成功推出中日ETF互通首批产品，当日共挂牌上市4只中日互通ETF产品，分别跟踪日本股票市场关键指数日经225和东证指数，4只产品初始募集规模总计达15.21亿元人民币。同日，日本交易所集团也推出4只中日ETF互通产品，同步投资中国内地股票市场。中日ETF互通开通以来，产品运行平稳、表现良好。中日ETF互通是中日两国资本市场首次务实合作，是在综合考虑两国市场特点及跨境投资需求等因素基础上，形成创新性互联互通业务模式，有效发挥了两国资本市场优势，全面带动了两国行业机构携手发展、互利共赢，是上海证券交易所近年来国际化战略实施中一次重要创新和突破。

2. 沪伦通西向业务正式启动

2019年6月17日，沪伦通全球存托凭证业务（Global Depository Receipts，GDR）于第十次中英经济财经对话期间正式开通。同日，上海证券交易所上市公司华泰证券股份有限公司在伦敦证券交易所（以下简称伦交所）主板市场发行首只以A股为基础股票的全球存托凭证。华泰证券此次共发行8 251.5万份GDR，对应A股8.2515亿股，募集资金总额达16.9亿美元，是伦交所自2012年以来最大的GDR发行，也是过去两年中资金融机构最大的跨境融资。华泰证券GDR自上市以来，在所有亚洲企业于伦交所发行的证券（包括股票、债券及GDR等）中的累计成交额排名第二，仅次于韩国三星，已成为伦交所交易最为活跃的亚洲证券之一。

3. 不同投票权架构公司纳入港股通

沪深港三家证券交易所基于保护投资者合法权益的考虑，就港股中的新类别上市公司不同投票权架构公司是否纳入港股通股票进行了充分评估和讨论，特别关注了该类公司在内部治理和股东权利等方面的特殊性，及在香港市场刚推出的现实性，最终共同拟定了不同投票权架构公司股票首次纳入港股通股票的具体要求。上海证券交易所、深圳证券交易所据此于2018年10月分别对《上海证券交易所沪港通实施办法》《深圳证券交易所沪港通实施办法》进行了修订。

2019年10月28日，首批不同投票权架构公司小米集团-W（1810.HK，以下简称小米）和美团点评-W（3690.HK，以下简称美团）被纳入港股通股票范围正式生效。纳入当天截至收盘，美团股价上涨3.48%，收盘价报93.7港元，盘中最高涨7.29%至97.15港元；小米股价上涨1.43%，收盘价报9.19港元，盘中最高涨4.64%至9.48港元。

（二）积极推进资本市场对外开放

1. MSCI扩大A股纳入比例、A股纳入富时罗素全球指数并两次扩容、A股纳入标普新兴市场全球基准指数

MSCI于2019年5月、8月和11月分三步将A股纳入比例从2018年末的5%逐步提升至20%，并将中盘股纳入。截至2019年11月底，A股在MSCI新兴市场指数中的权重达到约4%。2019年6月，富时罗素首次将包括大、中、小盘股在内的部分A股以5%的纳入因子纳入其全球股票指数体系；同年9月，将A股纳入因子由5%提升至15%。富时罗素还计划于2020年3月将A股纳入因子进一步提升至25%。2019年9月，标普道琼斯将A股以25%的纳入因子纳入标普新兴市场全球基准指数。MSCI、富时罗素、标普道琼斯等国际指数公司将A股纳入其全球指数体系并提高A股纳入因子，表明国际投资者对配置中国股票的需求日益增长，体现了国际投资者对中国资本市场改革开放的积极认可。国际指数公司加大A股纳入力度有助于吸引更多境外长期资金入市，推动A股市场投资者结构持续优化，改善A股上市公司治理水平，进一步提升A股市场国际化水平和资源配置效率，促进我国资本市场稳定健康发展。

2. 取消合资证券公司、基金管理公司、期货公司外资股比限制

2019年7月20日，国务院金融稳定发展委员会办公室对外发布《关于进一步扩大金融业对外开放的有关举措》，将原定于2021年取消证券公司、基金管理公司和期货公司外资股比限制的时点提前到2020年。2019年10月11日，证监会明确了期货公司、基金管理公司、证券公司将分别于2020年1月1日、2020年4月1日、2020年12月1日起取消外资股比限制的安排。截至2019年末，证监会已核准了野村东方国际证券、摩根大通证券和瑞银证券3家外资控股券商，摩根士丹利华鑫成为首家外资相对控股的公募基金公司、上投摩根基金成为首家外资绝对控股的公募基金公司。

3. 取消QFII和RQFII投资额度限制

2019年9月10日，经国务院批准，国家外汇管理局决定取消合格境外机构投资者（QFII）和人民币合格境外机构投资者（RQFII）投资额度限制，具备相应资格的境外机构投资者，只需进行登记即可自主汇入资金开展符合规定的证券投资。同时，RQFII试点国家和地区限制也一并取消。2019年12月，为落实取消投资额度限制后对QFII、RQFII境内证券投资进行资金管理和风险防范的相关要求，国家外汇管理局起草了《境外机构投资者境内证券投资资金管理规定（征求意见稿）》，向社会公开征求意见。截至2019年12月末，共计293家QFII机构获批1 113.96亿美元投资额度，共计223家RQFII机构获批6 941.02亿元人民币投资额度。

（三）稳步推进资本市场对内开放

1. 科创板试点红筹企业回归

证监会于2019年3月发布《公开发行证券的公司信息披露编报规则第24号——科创板创新试点红筹企业财务报告信息特别规定》（证券会公告〔2019〕8号），规定红筹企业在境内公开发行股票或存托凭证，应在发行上市安排中明确会计年度期间，一经确定不得随意变更。未以公历年度作为会计年度的，应提供充分理由并予以披露。红筹企业披露的财务报告信息，可按照中国企业会计准则或经财政部认可与中国企业会计准则等效的会计准则编制，也可在按照国际财务报告准则或美国会计准则编制的同时，提供按照中国企业会计准则调整的差异调节信息。红筹企业首次申请境内公开发行股票或者存托凭证按照中国企业会计准则编制财务报告的，境内上市后不得变更。此外，上海证券交易所也就红筹企业财务信息涉及的财务指标及其调节信息、调节过程的披露事项等方面制定了《科创板创新试点红筹企业财务报告信息披露指引》。

2. 全面推开H股"全流通"改革

经国务院批准，证监会于2019年开始全面推开H股"全流通"改革。11月，证监会发布了《H股公司境内未上市股份申请"全流通"业务指引》（证监会公告〔2019〕22号）、H股"全流通"申请材料目录及审核关注要点，符合条件的H股公司和拟申请H股首发上市的公司，可依法依规申请"全流通"，申请经核准后，相关公司境内未上市股份可转为H股在香港联交所上市流通。12月31日，深圳证券交易所会同中国结算充分总结试点经验，联合发布了《H股"全流通"业务实施细则》。根据实施细则，H股"全流通"业务将允许原股东增持本公司H股，并在试点期间提供名义持有人服务的基础上，进一步增加现金红利派发、供股、公开配售、公司收购等公司行为相关服务；同时引入中国结算香港子公司，与中国结算分别负责H股"全流通"境外和境内业务；将试点期间通过中国结算在香港证券公司开立的证券交易账户进行交易，改为境内券商直接委托香港证券公司进行交易，并按经纪业务管理要求开展投教相关工作。在试点经验基础上稳步推开H股"全流通"改革，有利于促进H股公司各类股东利益一致和公司治理完善，助力境内企业更好利用境内外两个市场、两种资源获得发展，也有利于香港资本市场发展。

（四）国际投资者服务与国际合作迈上新台阶

国际投资者服务方面，2019 年，上海证券交易所深化了系统化、制度化、多元化的国际投资者服务体系，该体系以市场研究、英文信息平台、基础宣传材料为核心，建立起交流、推介、培训、研究与机制创新五位一体的专业服务架构。包括举办首届上海证券交易所国际投资者大会、搭建系统化国际投资者服务体系、建立制度化国际投资者服务机制等在内，上海证券交易所提供了定期举办国际投资者大会、重点地区海外路演、扩大外资投研覆盖范围等多元化、更具针对性的国际投资者服务。2019年全年，上海证券交易所国际投资者服务团队共与148 批次境外投资者开展沟通，围绕"促进国际投资者积极参与科创板市场""配合A 股纳入国际指数""优化完善合格境外投资者制度"三大主题开展了多元化国际投资者服务工作。2019年深圳证券交易所通过完善深港通机制、推动上市公司健全境外投资者管理体系等手段，进一步提升境外投资者服务水平：一是完善深港通机制安排，进一步完善了跨境跨市场监管合作机制。二是针对境外投资者曾经普遍反映的停牌问题，持续规范上市公司停复牌行为，不断优化市场运行机制。三是推动深交所L2行情在港落地，上线"互动易"英文服务功能，开辟"分析易"港股通专区，进一步优化境外投资者参与效率。四是定期开展深圳市场全球路演活动和网络联合路演，推动上市公司境外投资者关系管理常态化。截至2019年末，深交所在境外累计举行了14轮深港通国际路演活动，联合境内外券商定期举办境外投资者走进上市公司和反向路演活动。

国际合作方面，2019年，上海证券交易所与德黑兰证券交易所、孟买证券交易所签署合作谅解备忘录，与瑞士交易所签署更紧密合作谅解备忘录，合作范围覆盖51家境外交易所。同时通过举办中俄资本市场论坛、匈牙利投资推介会、巴西资本市场推介会等活动，拓展合作深度，强化全球交易所联动发展网络。截至2019年末，深圳证券交易所的V-Next全球合作网络已覆盖41个国家，基本实现东盟国家全覆盖、辐射全球的合作网络。2019年，深圳证券交易所与老挝、柬埔寨、肯尼亚、孟加拉国、巴基斯坦等国家举办包括资本市场合作对接会、资本市场论坛、证券交易所项目协议等在内多种形式的国际合作活动，积极发挥了深圳证券交易所地缘优势，重点推进和建立了覆盖东盟、南亚的多层次合作网络，积极探索推进商业化、透明可持续技术和战略合作，推动中国证券技术系统走出国门，深度参与“一带一路”沿线资本市场建设。2019年6月，由上海证券交易所和深圳证券交易所共同筹建的上海交易所国际交流合作中心（SICCCE，以下简称交流中心）在“陆家嘴论坛”期间揭牌成立，以促进交易所间的交流沟通、信息共享和务实合作。2019年10月，交流中心通过举办“2019年证券交易所国际研讨班”，为来自塞尔维亚、阿塞拜疆、哈萨克斯坦、蒙古国、越南、巴基斯坦、肯尼亚等10家交易所代表提供了分享和探讨资本市场发展举措的平台，并促成了3家交易所与我方签署合作谅解备忘录或提出其他方式的合作意向。此外，交流中心与多家学术机构和智库开展国际资本市场研究工作，包括推进人民币国际化、交易所支持“一带一路”境外融资等重要课题。

五、发展展望

一是市场法治监管体系将持续完善，未来资本市场将更加规范。对投资者交易、上市公司行为、中介机构责任的监管将持续升级，以贯彻新证券法为契机，资本市场法律法规体系将进一步完善。二是以信息披露为核心的监管理念将持续强化，科技监管能力将进一步提升，未来市场将更加透明。科创板试点注册制进一步强化了以信息披露为核心的监管理念，以资本市场数字化新生态建设为基础，加快构建新型监管模式，进一步增强监管效能。三是外资包容程度以及市场对外联通程度将持续提升，资本市场制度型对外开放将稳步推进，市场对外开放将驶入快车道。四是服务实体经济质效将进一步提升。以新发展理念为指引，科学合理保持IPO常态化发行，推动再融资改革，各类服务中小微企业发展的创新试点将加快落地，持续推动提高上市公司质量，资源优化配置主渠道作用将进一步得以发挥。

专题五 完善科创板制度创新 推进资本市场制度建设

科创板的平稳落地彰显了2019年资本市场各项基础制度创新成效，为注册制的全市场推广提供了先行经验，为存量市场制度变革提供了强大动力。科创板在各环节制度创新体现为以下几点：

一是发行环节，实行以信息披露为核心的注册制，为科创板持续输送“真公司”，将选择权交给市场。引入保荐机构跟投制度，形成激励相容的保荐机制。二是上市环节，充分考虑科创企业特征，设置了更具包容性的上市标准，覆盖范围拓展至未盈利企业、同股不同权企业、红筹企业。三是交易环节，科创板新股上市后首五日不设涨跌幅限制，第六日及以后的涨跌幅限制放宽至±20%，同时设置了价格笼子，实施投资者适当性管理，促进价格发现的同时抑制过度波动。四是退市环节，科创板设置了更为严格的标准，强化了退市执行，及时清退市场上的空企业、假企业，对挂牌企业形成逆向的震慑力和约束力。

科创板是资本市场基本制度改革的“试验田”“方向标”，肩负摸索、探路、引领、示范的重任。作为承载资本市场基础制度改革重任的科创板，未来将持续完善基础制度，巩固存量制度，探寻增量制度，为资本市场改革带来可复制可推广的科创板经验。

一是持续完善科创板各项创新制度。一级市场方面，完善以信息披露为核心的注册制，完善发行定价环节，压实中介机构责任，将企业筛选和定价等责任交给市场，由市场决定股票供求。加大制度供给，进一步支持和鼓励“硬科技”企业，吸引具备关键核心技术突破能力或潜力的优质科创企业在科创板上市。二级市场方面，持续优化交易机制，配套完善市场稳定机制，优化融资融券机制，促进多空平衡，增强市场对重大冲击、市场炒作的抵御力，强化市场稳定性及韧性。建立长期投资者制度，充分发挥长期资金在价格发现、稳定市场上的作用。在个股涨跌幅限制、价格形成机制、融资融券制度、投资者适当性管理等方面进一步探索，强化市场价格发现功能。丰富科创板产品线，研究推出基于科创板股票或指数的ETF和期权产品，提供多元化风险管理工具。上市公司方面，围绕信息披露环节进一步强化、优化公司持续监管。在再融资和并购重组上充分发挥市场的资源配置作用。严格退市标准和执行，形成“进退有序”的市场化筛选机制，促进市场新陈代谢。完善法治监管，提高违法违规成本，完善投资者保护制度。

二是探索科创板改革继续“出新”，推进资本市场基础制度建设。一级市场方面，跟踪评估保荐机构跟投制度这一新型保荐激励模式，寻求提高保荐企业质量和新股发行定价效率的最优解。积极发挥机构投资者的专业询价能力，提高新股发行市场化定价效率。二级市场方面，探索交易机制创新，进一步优化股票价格发现系统的结构和效率，减少监管套利型交易的生成和扰动，增强市场对内外部冲击的抵御能力。上市公司方面，针对科创企业外部融资及外延扩张的特点，进一步提升科创企业再融资、并购重组的便利度和灵活度，发挥市场在资源配置中的作用。优化原始股减持方式，探索非公开转让机制。增加司法供给，完善集体诉讼制度，加强投资者保护。

专题六 A股市场国际化水平提升

一、外资持有A股市值大幅增加

近年来，我国股票市场国际化水平不断提升，海外资金通过QFII/RQFII渠道以及沪深港通等互联互通机制加速流入A股。数据显示：2014年11月至2019年12月，外资持有的A股市值从1 425.31亿元大幅增加至15 783.38亿元，2019年新增持股市值为7 863.18亿元，同比上升99.28%（见图4-3）。其中，外资通过陆股通渠道持有的A股市值为14 220.17亿元，同比上升117.44%，占外资持股市值总额的90.10%（见图4-4）[①]。

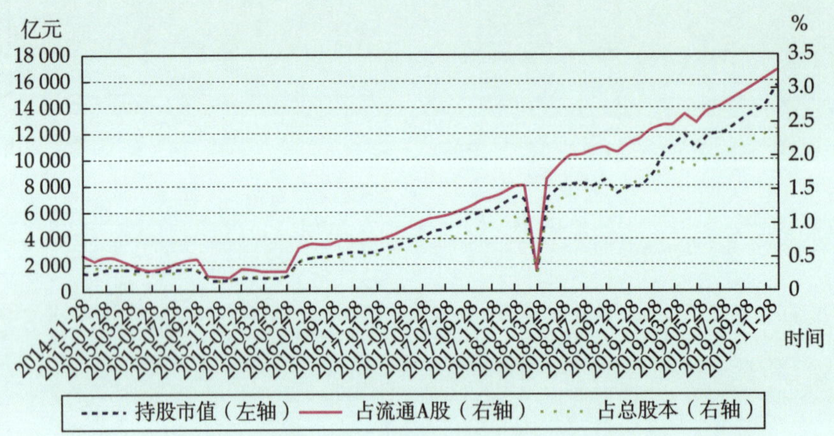

图4-3 外资持股市值及其占流通A股和占总股本比重的变动情况

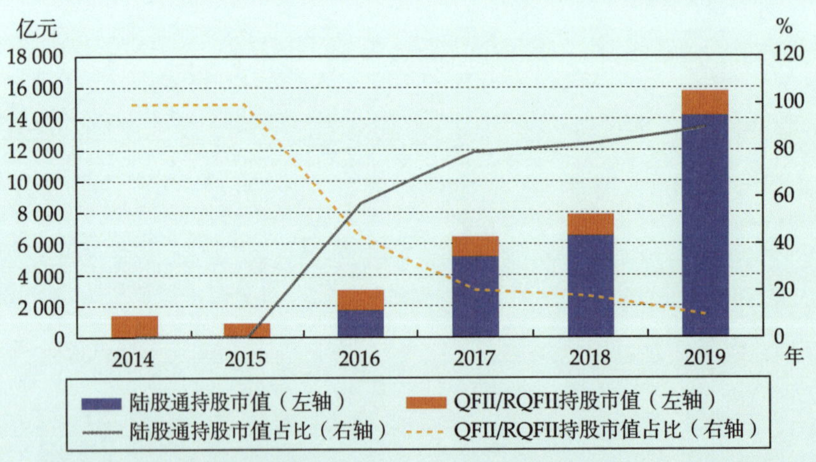

图4-4 外资通过陆股通和QFII/RQFII持股市值及其占比变动情况

① 本专题数据来源于Wind资讯。

二、A股市场机构投资者持仓与外资高度重合

从持仓个股分布来看，外资偏好蓝筹股和细分行业龙头。截至2019年末，外资持股市值排名前20的行业分别为贵州茅台、美的集团、中国平安、格力电器、恒瑞医药、五粮液、招商银行、海螺水泥、宁波银行、平安银行、中国国旅、长江电力、伊利股份、上海机场、海尔智家、华泰证券、海康威视、北京银行、海天味业和万科A，这些公司均为蓝筹股或细分行业中的龙头企业（见图4-5）。

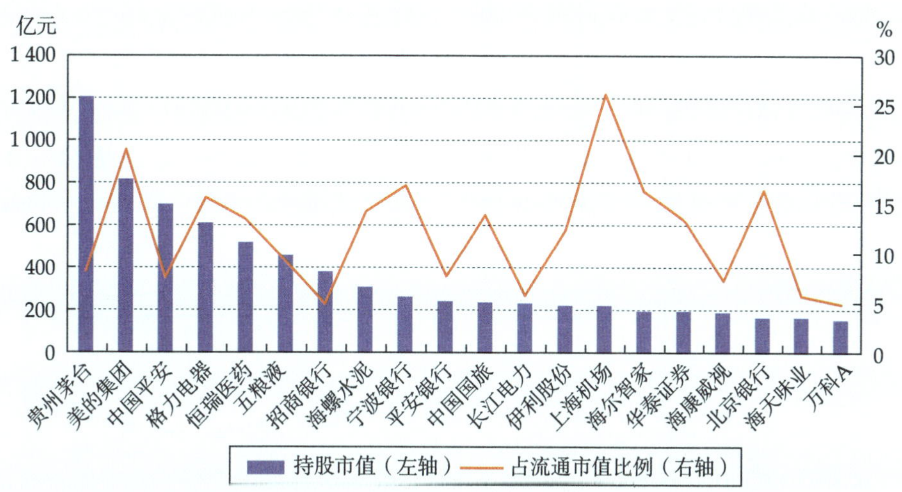

图4-5 2019年末外资持股市值排名前20的行业分布及其流通市值占比

2019年第三季度，机构投资者持股市值排名前20的行业分别为工商银行、贵州茅台、中国石油、农业银行、中国银行、中国人寿、招商银行、中国石化、五粮液、中国平安、长江电力、中国神华、浦发银行、上汽集团、平安银行、恒瑞医

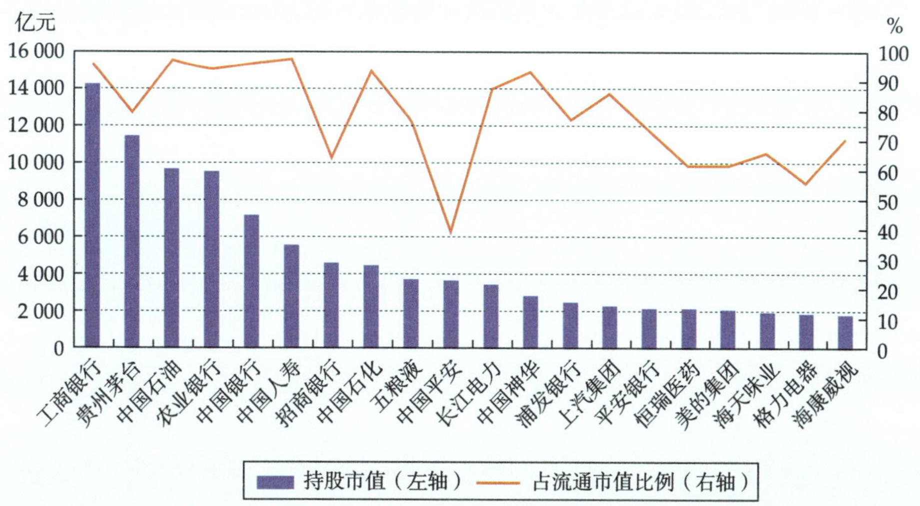

图4-6 2019年第三季度外资持股市值排名前20的行业及其流通市值占比

药、美的集团、海天味业、格力电器、海康威视（见图4-6）等蓝筹和细分行业巨头上市公司，这些上市公司中的多数也为外资偏好投资的企业。

三、A股市场从“散户市”逐渐转向“机构市”

2001年，我国机构投资者持股市值仅为274.49亿元，占流通市值的比重为1.90%，个人投资者持股市值占流通市值的比重高达98.10%。2001年以来，机构投资者持股市值占流通市值的总比重稳步上升，2019年第三季度达到60.46%，显著高于个人投资者所占比重（见图4-7）。A股市场中的境外投资者不断增加，投资者群体更趋多样性，市场定价效率不断上升，长期而言，有助于提升市场内在稳定性。英国、日本、中国台湾等市场境外投资者持股占比分别维持在50%、30%、25%左右。与之相比，A股市场境外投资者持股比例仍然偏低（3.1%），对市场影响有限。当前，仍需进一步引入境外投资者，优化投资者结构，促进A股市场平稳健康发展。

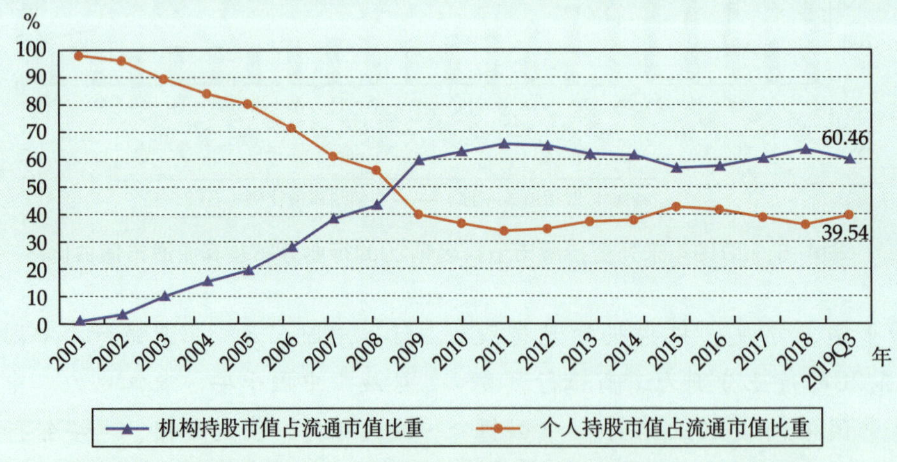

图4-7　2001年以来个人和机构投资者流通A股持股占比变化情况

第五章 外汇市场

2019年，我国外汇市场成交量保持增长，市场参与者类型更为丰富多元，境外机构交易活跃，外币货币市场产品序列不断完善。人民币对一篮子货币汇率有升有贬，对美元汇率呈双向波动，弹性增强。新一代外汇交易平台不断优化升级，金融科技助力交易辅助服务，市场双向开放程度不断加深。

一、运行情况

（一）人民币汇率双向波动

2019年末，人民币对美元汇率中间价和收盘价分别报6.9762和6.9662，较上年末分别贬值1 130个基点（1.6%）和1 004个基点（1.5%）。中间价全年波幅4 034个基点，3月21日报6.6850，为年内最强；9月3日报7.0884，为年内最弱。收盘价全年波幅4 950个基点，较中间价波幅高916个基点，2月27日收于6.6835，为年内最强；9月3日收于7.1785，为年内最弱。

人民币对主要非美货币有升有贬。2019年末，人民币对欧元、日元、英镑、澳大利亚元、加拿大元汇率中间价分别为7.8155元/欧元、6.4086元/100 日元、9.1501元/英镑、4.8843元/澳大利亚元、5.3421元/加拿大元，较上年末分别升值 0.4%、贬值3.6%、贬值5.5%、贬值1.2%和贬值6.0%。

人民币对一篮子货币先升后贬。2019年末，CFETS 人民币汇率指数、参考BIS货币篮子和SDR货币篮子的人民币汇率指数分别收于91.39、95.09和91.81，较上年末分别下跌2.0%、1.8%和1.4%。

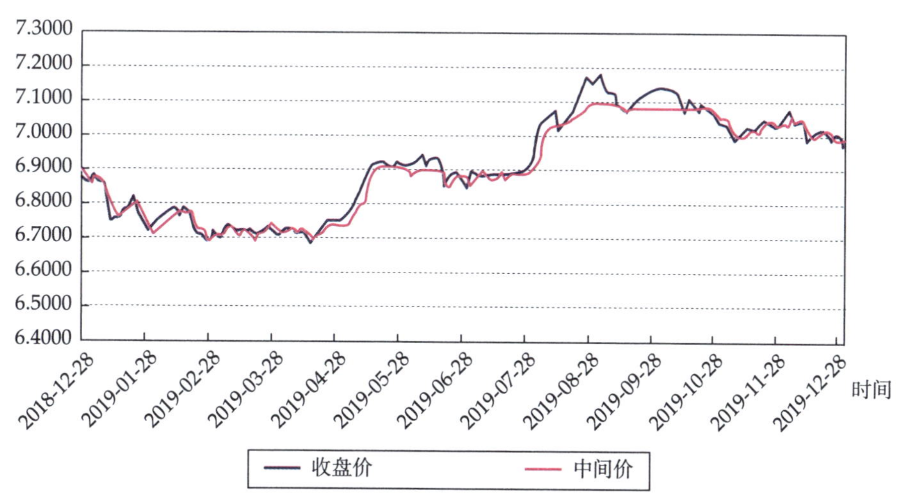

图5-1 2019年人民币对美元即期汇率走势

（数据来源：中国外汇交易中心）

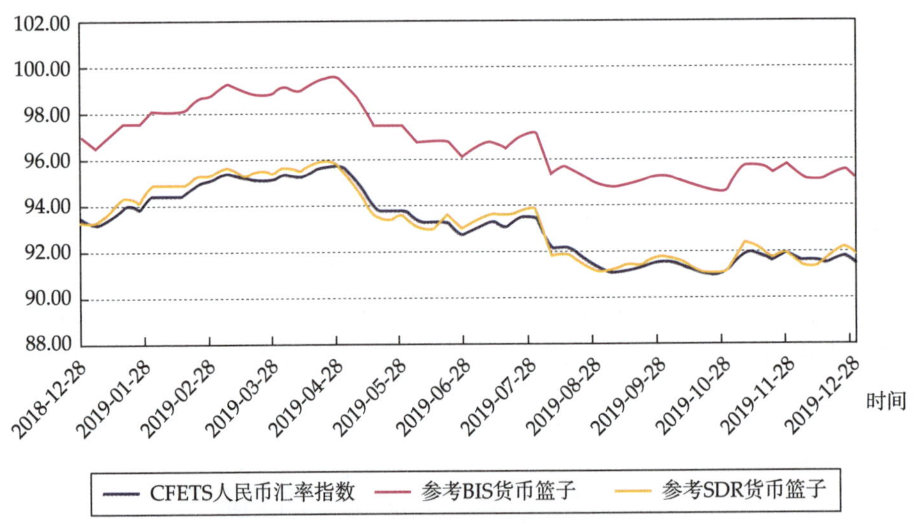

图5-2 2019年三大人民币汇率指数走势

（数据来源：中国外汇交易中心）

（二）外汇市场交易量保持增长

2019年，银行间外汇市场（含衍生品）累计成交35.8万亿美元，同比增长5.3%，各子市场交易量不同程度增长。其中，人民币外汇即期成交7.9万亿美元，同比增长4.0%；外币对即期成交1 693亿美元，同比增长66.5%；汇率衍生品成交17.4万亿美元，同比增长0.5%；外币货币市场成交10.3万亿美元，同比增长15.2%。

二、运行的主要特点

（一）人民币对美元汇率弹性增强

2019年，在全球外汇市场波动率走低的同时，人民币升贬行情切换速率加快，对美元汇率波动率保持在4%以上，与欧元、日元、英镑等货币差距缩窄。从全年来看，人民币对美元汇率走势大体呈四阶段特征。1—4月为第一阶段，人民币表现强势，对美元汇率收盘价自6.86上方持续走升至6.70附近，累计升值近2%。5—7月为第二阶段，市场避险情绪升温，人民币开始转弱，对美元快速走贬跌破6.90，单月贬值2%，随后进入弱势盘整。8—9月为第三阶段，人民币经历年内第二轮贬值，对美元汇率收盘价自2008年以来首次“破7”并继续走弱，盘中一度跌破7.1关口，9月初触及年内低点。10—12月为第四阶段，市场情绪有所修复，人民币对美元止跌回升，重回7.0附近。

（二）境内美元流动性充裕

2019年，境内美元流动性充裕，拆借利率震荡下行。2019年末，隔夜、1周、1个月、3个月和6个月银行间美元拆借加权成交利率分别报1.54%、2.21%、2.02%、2.35%和2.35%，较年初分别下行88个、29个、98个、113个和126个基点。与境外市场相比，境内美元利率的波动性相对较小。9月以来，境外流动性紧张的局面对境内市场未产生明显影响，除季末和美联储降息时点外，境内市场美元隔夜利率多数时间保持平稳，且走势总体与境外趋同。此外，1个月及以上期限利率较境外有明显溢价，与境内主体较高的信用风险相匹配。

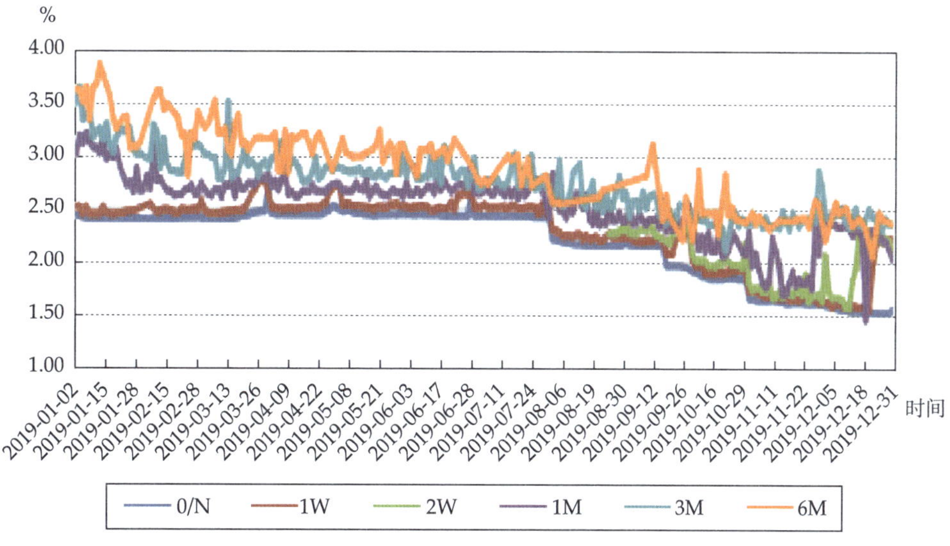

图5-3　境内银行间美元拆借加权平均利率走势

（数据来源：中国外汇交易中心）

（三）人民币外汇市场交易增速放缓

2019年，银行间人民币外汇市场成交25.0万亿美元，同比增长0.7%，为近十年来最低水平，较上年下降21.5个百分点，增速明显放缓。分产品看，全年即期交易量同比增长4.0%，较上年下降15.3个百分点；衍生品交易量同比下降0.8%，较上年下降24.3个百分点。分月度来看，市场日均交易量以4月为分水岭，呈现前高后低趋势。

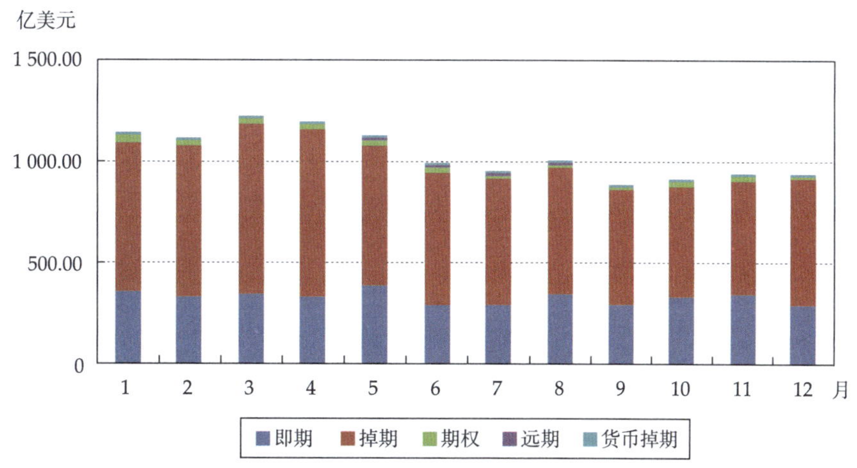

图5-4　境内人民币外汇市场各品种日均交易量

（数据来源：中国外汇交易中心）

（四）外币市场保持较快发展

2019年，外币市场保持较快发展，各子市场交易量增速均显著高于市场整体水平。其中，外币对市场成交4 756亿美元，同比增长1.5倍；外币拆借成交10.2万亿美元，同比增长14.3%；外币回购成交944亿美元，同比增长15.5倍；外币利率互换成交1.8亿美元，同比增长1.5倍；外币同业存款成交1.1亿美元。

（五）市场参与者更为多元

2019年，银行间外汇市场参与主体继续扩大，市场参与者类型更为丰富多元。截至2019年末，银行间人民币外汇、外币对和外币货币市场会员数分别为711家、208家和557家，较上年末分别增加33家、21家和31家，新增会员主要为境外机构、非银机构和中小银行。

新入市主体表现积极。9月，人民币外汇市场新增中信证券、华泰证券、招商证券3家证券公司会员，这是4年多来证券公司会员首次扩容，年内3家机构在即期、远期、掉期和期权市场均有交易达成，累计成交近6亿美元。在外币对和外币货币市场上，随着上海自贸区分账核算单元自由贸易账户（FT账户）的引入，年内共有8家机构参与自贸区外币对业务、10家机构参与自贸区外币拆借业务，累计成交近200亿美元。

（六）境外机构交易活跃

2019年，境外机构在银行间外汇市场累计成交1.3万亿美元，同比增长84.7%，远高于市场总体增速；在人民币外汇、外币对和外币货币市场上，境外机构的交易份额分别为0.8%、1.9%和10.0%，较上年分别上升0.5个、0.8个和3.5个百分点。伴随着境内资本市场不断扩大开放，境外机构境内证券投资相关的套期保值需求旺盛，预计未来交易份额有较大提升潜力。

三、创新与制度建设

（一）外币货币市场产品序列不断丰富完善

12月推出以上海清算所托管的境内债券为抵押品的外币回购业务，进一步拓展了外币回购抵押品范围，有利于盘活存量债券，进一步降低机构外币融资成本。在外币同业业务上，2019年12月推出线上外币同业存款业务，有效提升了交易效率和透明度，助力机构风险防控。

专栏 推出以境内债券为抵押品的外币回购业务

2019年12月16日，我国银行间外汇市场推出以境内债券为抵押品的外币回购业务，这是我国银行间市场首个跨币种抵押融资产品。外币回购资金融入方可以自身持有的上海清算所托管债券为抵押品，通过交易中心外汇交易系统，向资金融出方借入美元、欧元、港元、英镑、日元、澳大利亚元、加拿大元、新加坡元、新西兰元等九个币种的外币资金，并通过上海清算所完成后续清算、结算和抵押品管理操作。

此前，在交易中心的外币回购业务中，抵押品范围仅限于境外外币债券。此次抵押品范围的扩大，有利于提高境内中长期外币货币市场的规模和流动性，便利市场参与者节约授信资源，提高交易灵活性和拓展境内外交易对手。同时，作为外币信用拆借的有效补充，外币回购业务的进一步发展有利于促进境内美元无风险利率及中长期利率的价格发现，提高境内美元利率曲线的有效性和基准性。此外，以境内债券为抵押品的外币回购业务还首次实现了我国银行间本外币市场之间的跨市场联动，进一步丰富了我国银行间市场产品序列。

上线首日，外币回购业务运行顺畅，系统运行稳定。截至当天北京时间17时，上海清算所接收提交清算结算的外币回购交易13笔，金额共折合7.13亿美元。中国工商银行、中国银行、中国建设银行、浦发银行、招商银行、广发银行、浙商银行、江苏银行、江南农商行9家机构参与首日业务。

（二）布局主经纪业务和自动化交易

主经纪业务模式下，客户以主经纪商的名义和授信参与交易。自动化交易则是通过既定程序或特定软件，自动生成或执行交易指令的交易行为。为满足更多元主体交易需求，中国外汇交易中心（以下简称外汇交易中心）依托新一代外汇交易平台，结合国际经验和境内市场实践，探索在银行间外汇市场引入主经纪业务和自动化交易。2020年1月，主经纪业务已在外币对市场成功试点，中国银行作为首家外汇主经纪商，为首家境外非银机构做市商XTX提供主经纪业务服务。

（三）创新运用金融科技，助力交易辅助服务

2019年，继续探索推进金融科技在交易辅助类服务方面的应用。在即时通信工具方面，2018年推出的外汇即时通信工具iDeal FX，目前已覆盖银行间外汇市场所有衍生产品和外币货币市场产品。2019年以来，iDeal功能持续优化，独家合作引入外汇经纪报价等行情数据，助力交易前端协商和决策，同时对接国际市场全程留痕监管要求，提供聊天记录实时监控。截至2019年末，共700余家机构登录使用。2019年，用户数量接近3 000个，通过iDeal FX协商意向并最终在交易系统达成交易超过25 000笔。在信息服务方面，2019年9月推出市场数据高速接口服务CMDS Pro，支持每秒万笔的即期撮合行情，传输延迟低于10毫秒，为做市商提供更精准、高效的报价交易数据源。在市场准入方面，2019年6月推出银行间外汇市场电子化服务平台iSupport，目前已有近百家机构注册使用，在线办理会员资格及业务申请，有效提升了对外服务效率和用户体验。

（四）升级交易系统，优化业务功能

2019年，新一代外汇交易平台紧跟市场需求进行多次优化升级，不断提升用户交易体验和操作便利性。在询价功能方面，丰富报价档位行情信息，提供单边询价、向最优价机构询价等快捷功能，并在价格版面可快速浏览预设的对手方信息。在撮合功能方面，增加点击成交订单的滑点机制，同时推出止损订单（Stop Order），支持限价订单、市价订单、冰山订单和止损订单一揽子高效的交易策略。在交易管理功能方面，新增支

持人民币跨境支付系统（CIPS）清算指令，规范清算指令要素维护标准，同时优化新平台外汇交易成交单，通过增加交易中心水印、成交单专用章和数字签名，提高成交单的安全性和合规性。

（五）推进制度建设，引导市场规范发展

银行间外汇市场的自律管理和业务合规要求不断提高。2019年，积极推进相关业务制度和标准建设。一是修订银行间人民币外汇市场交易规则，适应市场发展现状，同时接轨国际市场最新惯例与标准。二是更新发布《银行间外汇市场入市及服务指引》，整合修订银行间外汇市场会员协议和做市商协议。三是修订评优办法实施细则，制定银行间外汇市场监测管理办法并征求市场意见，完善监测制度体系，加强市场交易行为管理。四是完善银行间外汇市场用户实名管理和C-Trade桥机构评估制度，进一步规范市场发展。

（六）扩大市场对外开放

伴随着人民币国际化进程和资本项目可兑换的不断推进，银行间外汇市场对外开放不断深化。一方面，人民币购售业务范围和市场影响持续扩大，为证券投资项下的汇率风险对冲提供了灵活、便捷的交易渠道。自2015年以来，人民币购售业务范围从初期的经常项目扩展到“债券通”“沪深港通”等证券投资项目，2018年起，政策允许境外银行在人民币购售业务中采用集中管理方式。2019年，银行间外汇市场41家境外参加行中陆续有3家实现业务集团化管理，在引入更多地区人民币购售需求、提高人民币汇率风险管理效率方面成效显著。2019年，人民币购售交易中基于证券投资背景的业务比例大幅提升，进一步助力债券市场和股票市场对外开放。

另一方面，“一带一路”合作服务上的水平也不断提升。2018年，推出中国（新疆）——丝路货币区域交易信息平台。2019年，平台信息不断优化，目前该平台综合展示包括人民币对哈萨克斯坦坚戈、塔吉克斯坦索莫尼和巴基斯坦卢比等与新疆毗邻国家货币信息，逐步形成银行间市场、银行对客市场和个人市场多层次的综合报价行情。

四、发展展望

2020年，外汇市场将继续加强市场基础设施建设，进一步完善外汇交易系统及iDeal、iTrader和iSupport等周边辅助系统功能，充分发挥交易平台对外汇市场业务创新发展的支持和引领作用。深化外币货币市场发展，逐步形成外币信用拆借、外币回购和外币利率衍生品互动发展的完整产品体系。通过夯实交易基础，提升境内外币利率指标的有效性，为境内机构外币资产负债管理提供更准确的定价与估值参考。继续深化市场对外开放，积极扩大参与主体类型，加强与境内外金融基础设施的互通合作，为境外机构提供接轨国际惯例的交易渠道和交易方式，优化境外机构金融投资项下汇率风险管理。完善交易规则、监测管理办法和考评办法等市场管理框架，加强交易行为管理和异常风险预警，使市场监测管理体系更加健全。

专题七　深化境内外币市场建设

近年来，随着我国资本账户开放的逐步推进，境内企业和金融机构外币资产负债规模持续增长，流动性管理、估值和风险管理需求不断上升。但由于境内外市场在外币供求来源上存在显著差异，再加上时区的天然隔离，境内机构通过参与境外市场开展外币资产负债管理存在不便。在此背景下，外汇交易中心积极培育境内外币市场，2005年推出外币对业务，2015年开始建立集中统一的境内外币货币市场，致力于打造连通国际、服务境内的多币种、多模式、多产品综合交易平台。

一、外币对市场流动性持续提升

2019年，外币对市场成交4 756亿美元，同比增长1.5倍，流动性集聚效应逐渐显现。

产品序列方面，外汇交易中心在2018年2月推出外币对货币掉期交易，2018年5月推出外币利率互换交易，2019年8月推出外币对期权交易，外币利率和汇率风险管理工具不断丰富。目前，交易中心的外币对交易已包括即期、远期、掉期、货币掉期、期权和利率互换产品，产品序列基本完备。

交易模式方面，2018年8月，外币对市场新增询价点击成交（ESP）模式，10余家做市商依托外汇交易中心的多银行平台，积极提供分层、分组的带量报价。经过一年多的市场培育，外币对即期ESP交易量占外币对即期交易总量已逐渐提高至40%左右，即期交易价差收窄至0.5个基点以内，已与国际主流平台基本持平。

参与主体方面，在持续引入境内外做市机构的同时，积极落实国务院支持自贸区深化改革创新的举措，探索支持金融机构运用自由贸易账户参与外币对业务。截至2019年末，外币对市场做市商共24家，较上年末增加6家，含境外做市商1家；会员共208家，较上年末增加21家，含境外会员2家、自贸区会员8家。

二、外币货币市场深度发展

2019年，外币货币市场交易基础不断夯实，日均交易量维持在500亿美元左右，单日最高突破600亿美元。

产品序列方面，2015年，交易中心上线外币拆借业务，开始为境内外币货币市场提供集中统一的电子化交易平台。4年多来，市场深度和广度持续拓展，参与主体和交易规模快速增长。2018年7月，交易中心推出以境外外币债为抵押品的外币回购业务。凭借信用风险低、交易期限丰富、融资成本低等优势，该业务目前已成为外币拆借业务的有力补充。2019年12月，外币回购抵押品范围拓展至在上海清算所托管的境内债券，有利于盘活机构存量债券，进一步降低外币融资成本。2019年12月，线上外币同业存款业务推出，有效提升机构外币同业业务透明度，助力机构风险防控。与此同时，外汇交易中心还密切跟踪国际市场利率改革进展，未来将探索推出挂钩新基准的中长端外币利率衍生品，保证国际利率基准转换后银行间市场相关交易的平稳过渡和有序衔接。

参与主体方面，随着市场流动性提升，越来越多的境内外机构申请入市并积极参与交易。2019年，外汇交易中心积极落实国务院支持自贸区深化改革创新的举措，探索支持金融机构运用自由贸易账户参与外币拆借业务。截至2019年末，外币拆借市场会员共557家，较上年末增加37家，含境外会员13家、自贸区会员4家。

三、研究探索境内外币基准利率建设

在国际市场基准利率改革和转换工作有序推进的背景下，近年来，外汇交易中心与境内相关机构共同协作，依托境内银行间美元拆借市场，研究探索境内外币基准利率的建设。2018年7月，外汇交易中心与上海国际货币经纪公司合作发布银行间美元拆借资金面情绪指数，直观反映美元拆借市场资金面情况。2018年9月，外汇交易中心推出外币拆借报价行业务，同时发布境内美元同业拆放参考利率（USD CIROR）。2019年8月，在原有境内美元拆借加权成交利率的基础上，外汇交易中心推出境内银银间美元拆借加权成交利率，该指标在全量美元拆借成交数据的基础上剔除境外机构和非银机构的成交数据，为金融机构的交易和定价提供更精准的参考指标。

第六章 黄金市场

2019年，黄金价格震荡上行，国内现货金价上涨19.75%。我国黄金市场交易总规模继续扩大。上海黄金交易所各类黄金产品交易量、上海期货交易所黄金期货交易量以及商业银行柜台黄金业务量分别增长0.12%、186.58%和7.81%。黄金市场基础设施建设和制度进一步完善，产品创新力度加大，对外开放进程加快。

一、运行情况

（一）上海黄金交易所黄金交易情况

1. 现货金价上涨近20%

2019年初，上海黄金交易所（以下简称上金所）Au99.99合约开盘价283.98元/克，年中最高价369.24元/克，最低价277.50元/克，年末收盘价340.80元/克，较2018年末上涨19.75%。全年加权平均价308.70元/克，同比上涨13.74%。

图6-1　2019年国内外黄金价格走势

（数据来源：上海黄金交易所，Wind）

2. 交易规模持续扩大

全年，上金所总交易金额28.76万亿元，同比增长33.18%。其中，黄金成交68 574.36吨，成交金额214 944.76亿元，同比分别增长0.12%、15.69%。

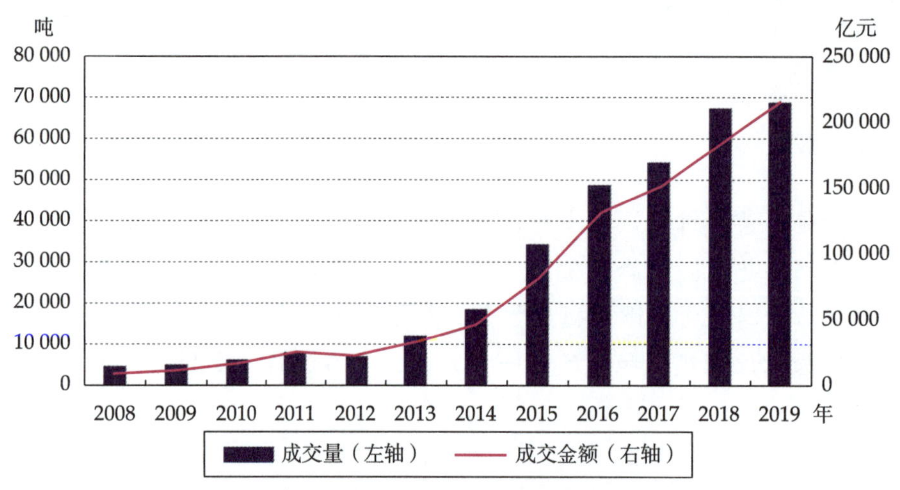

图6-2 2008—2019年上海黄金交易所黄金产品年度交易情况

（注：双边统计）

（数据来源：上海黄金交易所）

3. 延期交易拉动竞价量增长，询价和定价交易量均下降

2019年，黄金竞价成交量2.71万吨，同比增长32.75%。其中，现货实盘合约成交5 214.17吨，同比下降22.63%；延期交收合约成交2.19万吨，同比增长60.09%。同期，黄金询价累计成交4.03万吨，同比下降13.49%，成交金额12.64万亿元，同比增长0.09%。“上海金”定价业务共成交1 168.96吨，同比下降20.73%，成交额3 624.12亿元，同比下降9.35%，日均成交4.79吨，日均成交额14.85亿元。

表6-1 2019年上海黄金交易所各黄金合约成交情况

	成交量/吨	成交量占比/%	同比增长/%
黄金现货实盘	5 214.17	7.6	-22.63
黄金延期	21 852.94	31.87	60.09
黄金询价	40 338.29	58.82	-13.49
黄金定价	1 168.96	1.71	-20.73
合计	68 574.36	100	1.58

注：双边统计。

数据来源：上海黄金交易所。

4. 资金清算额稳步增长，黄金出入库量下降

2019年，上金所资金清算量为37 430亿元，日均清算153亿元，同比增长10.24%。其中，自营资金清算27 630亿元，同比增长19.61%；会员代理清算9 800亿元，同比下降8.52%。

全年，上金所入库黄金1 778.76吨，同比下降11.24%；出库黄金1 642.01吨，同比下降20.08%。

（二）上海期货交易所黄金期货和期权交易情况

1. 黄金期货价格震荡上行

2019年，黄金期货主力合约年初开盘价287.55元/克，最高价363.85元/克，最低价279.60元/克，最大价差84.25元/克；年末收盘价347.48元/克，比上年末上涨59.63元/克，涨幅20.72%。黄金期货价格与国内黄金现货、国际黄金期货价格走势基本保持一致，其中，黄金期货与国内现货价格相关系数为0.998，与国外期货价格相关系数为0.989。

2. 黄金期货成交量和持仓量大幅增长，交割量下降

2019年，按单边统计，黄金期货成交4 620.86万手（折合4.62万吨）和15.00万亿元，同比分别增长186.58%和238.91%，日均成交18.94万手和614.60亿元；日均持仓26.33万手，同比增长57.89%，年末持仓21.94万手。

截至2019年末，共有工行、农行、中行、建行、交行、浦发银行6家指定交割金库。按单边统计，全年黄金期货交割2 163手（折合2.16吨）和6.96亿元，同比分别减少53.87%和45.74%。

表6-2　2014—2019年上海期货交易所黄金期货年度交易情况

年份	成交量/万手	成交额/万亿元	年末持仓量/万手
2014	2 386.54	5.99	9.74
2015	2 531.72	5.99	12.95
2016	3 475.95	9.34	19.64
2017	1 947.81	5.42	12.46
2018	1 612.39	4.42	15.37
2019	4 620.86	15.00	21.94

注：单边统计，黄金期货合约1千克/手。

数据来源：上海期货交易所。

3. 黄金期货期权产品上线

2019年12月20日，黄金期货期权挂牌交易，截至年末运行8个交易日，按单边统计，累计成交4.09万手和3.20亿元，日均成交5 116手和0.4亿元，日均持仓7 283手。

（三）商业银行黄金业务开展情况

1. 商业银行在上金所的黄金交易量有所下降

2019年，商业银行在上金所的黄金交易总量为56 202.19吨（含自营和代理），同比下降5.20%，成交金额175 867.57亿元，同比增长9.45%。其中，自营交易黄金48 925.93吨，同比下降10.4%；代理交易黄金7 276.25吨，同比增长39.22%，代理企业交易黄金996.97吨，代理个人交易黄金6 279.28吨。从交易方式看，银行竞价交易黄金16 136.50吨，同比增长26.16%；询价交易黄金38 955.17吨，同比下降14.65%；定价交易黄金1 110.52吨，同比下降20.88%。商业银行分别占竞价、询价、定价黄金交易量的59.62%、96.57%和95%。

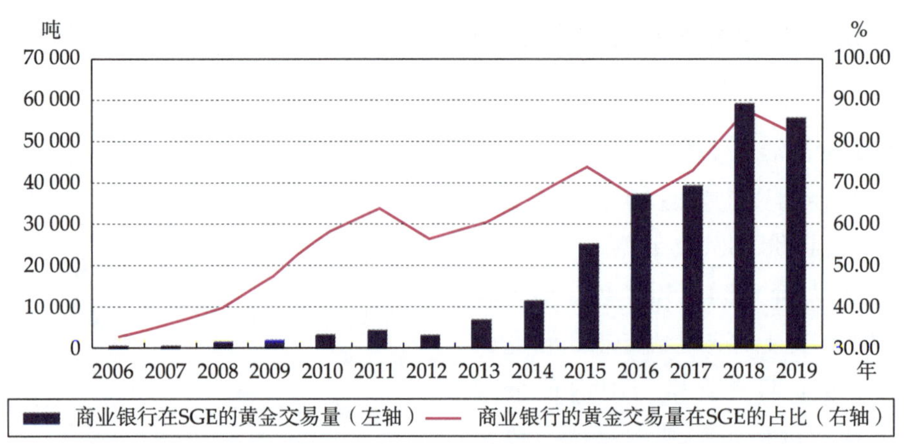

图6-3　商业银行在上金所（SGE）的黄金交易量及占比变化情况

2. 商业银行境内柜台黄金业务量总体保持增长

2019年，商业银行在境内开展的各项场外黄金业务累计成交1.02万吨，同比增长7.81%，其中账户金、黄金拆借、黄金理财业务有所增长，实物金销售、黄金租赁、黄金远期业务下降。

（1）实物黄金销售量下降。2019年，包括自营品牌金、代理品牌金、黄金积存（黄金定投）在内的实物黄金累计销售208.16吨，同比下降18.18%，销售金额692.79亿元，同比下降7.78%。其中，黄金积存（黄金定投）销售111.64吨，同比下降24.08%；自营品牌金销售76.05吨，同比下降6.94%；代理品牌金销售20.47吨，同比下降20.10%。

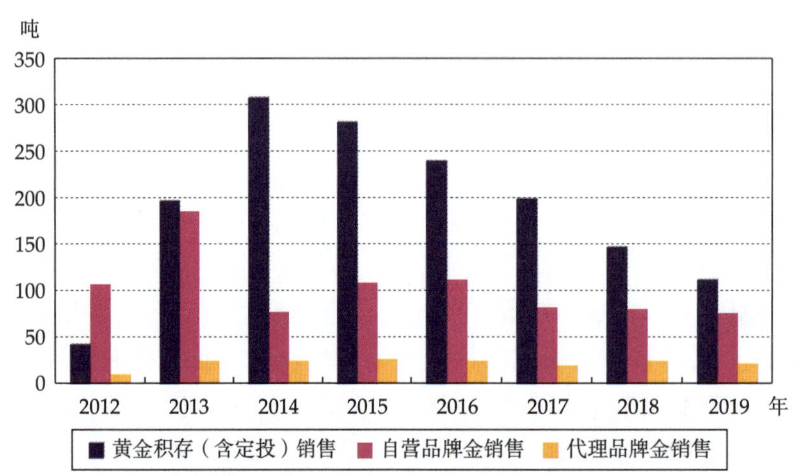

图6-4　商业银行实物黄金交易量情况

（2）账户金交易量持续增长。2019年，全国有13家商业银行开展了账户金业务，双边累计成交3 513.44吨，交易金额1.11万亿元，同比分别增长10.88%和30.43%。其中，人民币账户金累计成交3 277.63吨，同比增长9.84%；美元账户金累计成交235.81吨，同比增长27.71%。

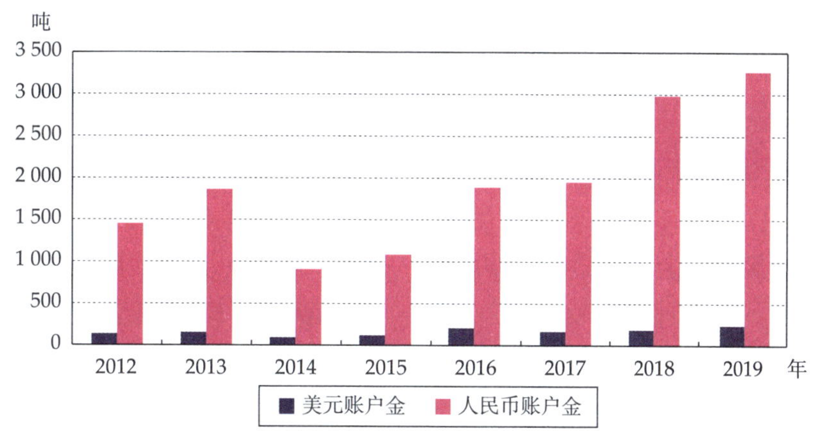

图6-5 商业银行账户金交易量情况

（3）对客黄金租赁业务下降，同业间黄金拆出量增长。黄金租借业务包括商业银行同业黄金拆借和商业银行对企业客户的黄金租赁两部分。2019年，商业银行累计租出黄金2 217.15吨，同比上升24.91%，名义成交金额6 887.13亿元，同比上升40.61%。其中，对企业租赁黄金769.12吨，同比下降21.88%；同业间累计拆出黄金1 448.03吨，同比增长83.16%。

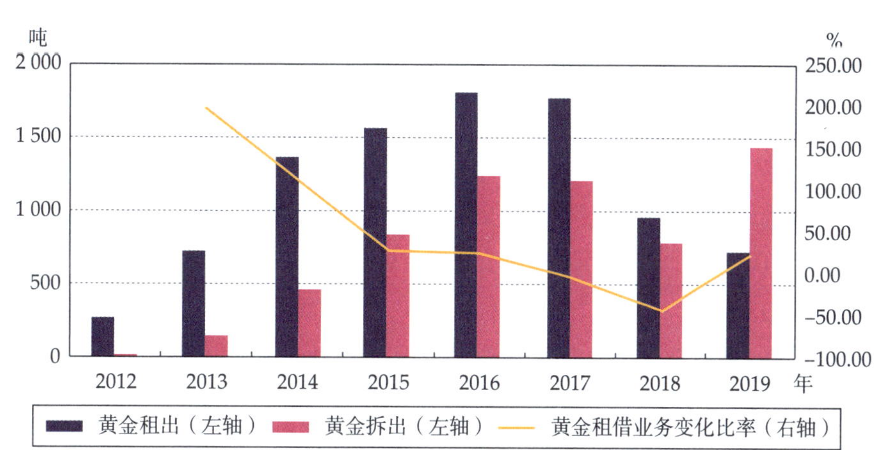

图6-6 商业银行黄金租借业务交易量及变化情况

（4）黄金质押业务大幅减少。2019年，仅1家商业银行开展了黄金质押业务，全年接收黄金质押0.04吨，发放黄金质押贷款0.068亿元，同比分别大幅下降78.8%和77.59%。

（5）黄金理财业务保持增长。2019年，商业银行黄金理财产品发行额累计24 683.21亿元，赎回额为21 213.56亿元，同比分别增长31.70%和16.46%。

（6）境内黄金衍生品业务同比增长。商业银行在境内开展的场外黄金衍生品业务包括以美元和人民币计价的黄金远期、黄金期权、黄金掉期和黄金互换。2019年，商业银行境内开展的各类黄金衍生品累计成交4 318.20吨，同比增长8.51%。从产品结构来看，黄金掉期成交3 056.53吨，同比增长23.16%；黄金期权成交445.96吨，同比增长35.03%；黄金远期成交562.21吨，同比下降51.85%；黄金与人民币利率互换产品成交253.5吨。从币种结构看，以人民币计价的黄金衍生品达1 318.11吨，同比增长6.32%；以美元标价的黄金衍生品为3 000.08吨，同比增长9.50%。

3. 商业银行境外黄金业务量下降

商业银行境外黄金交易仍以黄金即期、黄金远期、黄金掉期、境外黄金租借为主，还包括少量的黄金期货和黄金期权。2019年，我国商业银行境外黄金交易累计成交23 347.12吨，同比下降17.48%，成交的名义本金额为10 374.3亿美元，同比下降10.05%。

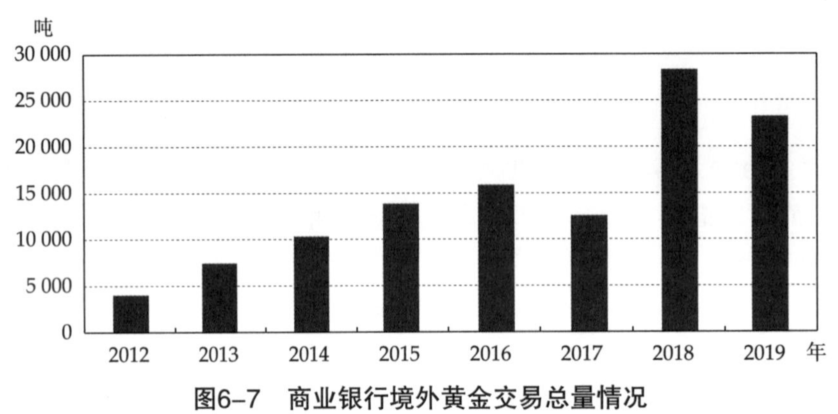

图6–7 商业银行境外黄金交易总量情况

其中，黄金即期累计成交4 072.91吨，同比下降15.92%，黄金远期累计成交1 275.59吨，同比下降25.92%；黄金掉期累计成交12 782.5吨，同比增长9.41%；黄金期货成交89.14吨，同比下降40.01%；黄金期权成交188.55吨，同比增长38倍多。境外黄金租借4 925.28吨，同比下降50.2%；其他美元黄金衍生品13.15吨。

二、运行的主要特点

（一）黄金价格大幅走高，境内外价差水平扩大

2019年初，国际金价在1 300美元/盎司附近横盘震荡。5月末至至9月初，受地缘政治风险增加、美联储降息等因素影响，金价快速拉升，最高至1 557.1美元/盎司。随后，黄金高位回调整理，在1 450美元/盎司附近有较强支撑。年末，伦敦金现货价（XAu）收盘于1 517.18美元/盎司，较上年末上涨18.32%。同期，国内黄金现货价格（Au99.99）上涨19.75%。

受黄金进口量下降影响，年内国内黄金实物供给总体偏紧，国内外金价价差水平同比扩大，平均价差幅度为2.46元/克，同比增加0.99元/克，增长67.35%。

（二）交易总规模继续增长，黄金投资类需求凸显

2019年，包含“两所一柜”在内的国内黄金市场交易总量（双边）达17.12万吨，同比增长56.88%。上金所黄金延期、上期所黄金期货、商业银行账户金的成交量同比分别上升60.09%、186.58%和10.88%。商业银行各类挂钩黄金理财产品全年累计销售

24 683.21亿元，同比上升31.70%。黄金ETF二级市场交易活跃，四家黄金ETF（华安、国泰、易方达、博时）累计成交1 415.09吨，同比增长29.17%。

（三）实物黄金销售量下降，黄金回购业务发展较快

商业银行实物黄金销售量连续第5年下降。2019年，商业银行累计销售实物黄金208.14吨，同比下降22.18%，较上年16.33%的降幅水平扩大了5.85个百分点。上金所黄金现货实盘合约成交5 214.17吨，同比下降22.63%。

黄金价格的上涨也带动了黄金回购市场回暖。2019年，商业银行累计回购及赎回量达197.58吨，同比增长46.49%。其中，自营和代理品牌金的回购量分别为40吨和22.27吨，分别较上年同期增长186.99%和114.13%。黄金积存（黄金定投）的赎回量为135.37吨，同比增长22.44%。

（四）金融机构间黄金业务合作增多，黄金市场分层有序发展

2019年，银行间黄金市场参与机构增长12%，形成银行间、银企、国际板询价充分联通的市场格局。金融同业间累计拆出黄金1 448.03吨，同比上升83.16%。以银银合作方式开办黄金积存业务的商业银行，委托具有上金所黄金询价市场做市商资格的银行进行平盘。中小银行多选择国有大行、股份制银行、外资银行为交易对手方，对冲黄金交易的敞口风险。证券公司也发挥场外黄金期权报价优势，向银行提供期权报价服务。上金所新增中诚宝捷思、平安利顺、天津信唐三家货币经纪公司开展询价经纪业务，进一步发挥经纪公司的市场功能。

（五）黄金市场投资者结构优化，机构参与度提升

商业银行仍为上金所的交易主体，其黄金交易占比超过80%。截至2019年末，上金所会员总数270家，其中，普通会员共计157家，包括金融类会员30家、综合类会员127家；特别会员共计113家，包括外资金融类会员8家，国际会员79家和券商、信托、中小银行等机构类的特别会员26家。

机构投资者对上期所黄金期货的参与度提升。2019年，黄金期货的法人客户成交和持仓占比分别为44.25%和75.22%。证券公司和基金管理公司等特殊单位客户超过1.2万个，国内黄金生产和消费企业、商业银行等机构已成为黄金期货市场的重要参与力量。随着市场规模的逐步扩大，目前已有多家基金公司正在开发针对黄金期货的ETF产品。另外，黄金期权的法人客户成交、持仓占比稳步增长，成交和持仓占比分别为73.46%和64.87%。

三、制度完善、基础设施建设和产品创新

（一）落实黄金市场制度规范，维护黄金市场秩序

一是落实关于黄金资产管理业务、互联网黄金业务和黄金积存业务的三个管理办法。上海黄金交易所发布《黄金资产管理业务登记托管实施细则》，推动黄金资产管理业务登记托管系统上线试运营。商业银行按照黄金积存产品最小业务单位为1克的要求，

进行业务整改。二是完善黄金市场自律管理制度。上金所修订发布会员管理办法、交易席位管理办法、违规处理办法等制度，明确对会员及市场参与者的违规行为调查、认定和处罚措施，持续强化会员管理。2019年，上金所完成会员分级试评分，启动个人代理业务“双录”工作，保障市场参与者的合法权益。

（二）贴近市场需求，不断创新黄金产品

一是推出沪纽金延期产品。上金所于2019年10月14日正式挂牌沪纽金延期产品，为投资者提供参与国际黄金市场新渠道。二是上市了黄金期货期权产品，为行业提供了全新的风险管理工具。三是工银理财推出首个能直接投资上金所现货合约的黄金联动理财产品。四是优化熊猫金币“易金通”提货物流配送，全面推进“上海金”ETF系列产品，协助金融机构开发基于“上海金”定价的黄金现货和衍生产品。

（三）完善黄金市场交易规则

一是优化黄金租借和交割规则。上金所修订发布黄金租借业务总协议、保管库管理办法、交割细则等，推动黄金租借市场规范发展。二是全面完善场内交易规则。修订发布上金所竞价业务、银行间黄金询价业务交易规则、集中定价交易细则以及做市商管理办法。三是完善黄金期货交易规则。上海期货交易所采取多项举措，提高黄金期货活跃合约的连续性，提升市场运行深度和效率，包括完善黄金期货规则和交易交割机制、优化担保品管理、研究组合保证金方案、调减黄金期货最小变动价位、推动黄金期货做市商制度等。黄金期货主力合约由6月、12月远月格局向双月活跃发展，市场流动性明显提高，实体企业反映良好。

（四）优化黄金市场基础设施服务

一是上金所延长交易时间，提升市场效率。实现午间连续交易，交易日开市时间已延长至13小时。二是降低交易成本，服务实体经济。实施延期合约的手续费率优惠，并继续实施竞价、询价、定价市场手续费减收减免措施。三是完善交易机制，丰富投资者结构。拓展做市商管理模式，推出线上交易经纪，完善特别法人户业务规范，加强程序化交易日常管理，积极对接理财子公司等新型投资者需求。四是拓宽服务范围，丰富服务内容。发布询价黄金期权波动率和白银远期价格曲线，积极推动黄金资产管理业务登记托管。

四、发展展望

2020年，中国黄金市场将迈向高质量发展阶段。黄金市场创新发展持续推进，黄金市场服务功能进一步提升，参与黄金市场的金融机构不断增加，市场的广度和深度进一步扩大。同时，黄金市场制度将得到不断完善，黄金市场管理和监测继续加强，切实防范化解黄金市场风险。

专题八 黄金市场对外开放

近年来，我国黄金市场对外开放力度不断加大。上金所黄金国际板借助中国（上海）自由贸易试验区“先行先试”“扩大金融服务对外开放”的发展契机，充分发挥要素市场对外开放的平台功能，在市场规模、参与主体、产品类别、国际合作等方面不断发展，在提高我国黄金市场全球话语权、连接“一带一路”沿线国家、联通全球主要金融中心等方面，发挥越来越重要的作用。

（一）黄金国际板交易规模稳步增长，国际会员市场参与度不断提升

黄金国际板自2014年启动以来，截至2019年末，累计成交黄金28 502.45吨，累计成交金额7.96万亿元。其中，2019年，国际板成交黄金8 198.24吨，同比上升25.19%，成交金额2.62万亿元，同比增长48.22%。

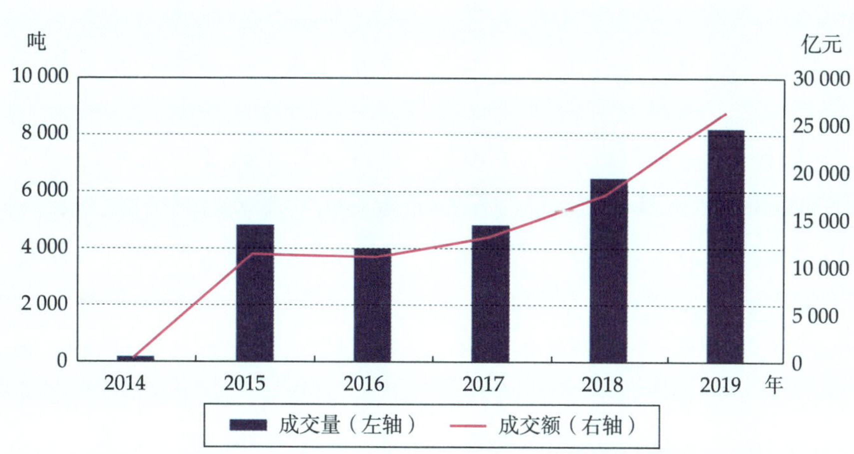

图6-8 2014—2019年国际板黄金成交情况

2019年，上金所国际板新增了6家国际会员，达79家，国际客户达85家，基本覆盖全球重要的商业银行、贵金属企业和投资机构。其中，金融机构数量占国际会员总数的60.81%。

（二）国际板进口地位提升，支持黄金产业积极走出去

一是国际板的黄金进口渠道作用日益显现。自国际板推出后截至2019年末，通过国际板累计进口黄金1 423.337吨。国际板已成为国内黄金进口的重要渠道。二是支持黄金产业积极走出去。上金所联合国际会员推出“黄金之路”项目，推进中国优质的黄金加工制造产能与“一带一路”沿线地区黄金产业对接，推动中国黄金制造产业产能向“一带一路”沿线地区输出，同时吸引“一带一路”沿线黄金市场参与者向中国市场集聚，打造区域黄金交易和仓储转运中心。2019年8月8日，“黄金之路”项目首笔“黄金租借+珠宝加工”

业务成品在深圳国际板仓库完成交接及复出口流程，或将促进中国黄金产业集群发展和中国黄金市场的产业升级。

（三）推广“上海金”基准价，输出中国定价标准

2016年，上金所推出了“上海金”定价交易机制，为全球黄金市场提供首个以人民币计价的黄金基准价格。继上金所授权迪拜黄金与商品交易所使用“上海金”基准价开发相关期货产品后，2019年10月14日，上金所与芝加哥商业交易所（以下简称芝商所）开展双边授权合作，分别推出基于COMEX黄金期货亚洲现货价格的全新T+N合约和基于上海金基准价的“上海金”期货合约。上金所推出“沪纽金延期产品”以人民币计价，合约规模为100克，以COMEX黄金期货亚洲现货价格的人民币换算价格为最终结算价。芝商所推出的“上海金”期货合约分别以人民币及美元计价，合约规模均为1公斤，以结算日当天“上海金”基准价午盘价格作为最终结算价。全年，沪纽金延期合约成交量38.02吨，成交额128.48亿元。日均成交量667.07千克，日均成交额2.25亿元。此次上金所与芝商所的合作，为境外投资机构使用人民币参与国内金融市场交易，以及国内投资者使用人民币间接投资国际黄金市场提供双向便利，有利于提升人民币黄金定价的影响力和中国黄金市场的国际话语权。

（四）创新全球跨市场合作模式，提升中国黄金市场影响力

五年来，上金所与境外市场积极开展合作，推动全球黄金市场的互联互通。分别与港交所、莫斯科交易所和布达佩斯交易所签订合作备忘录，探索在产品开发、技术革新和商业拓展等多领域的合作机会；与印度孟买证券交易所和印度国家证券交易所分别就“上海金”授权和订单路游项目达成合作意向，积极开拓印度市场；深入挖掘与德意志交易所、伦敦金属交易所和泛欧交易所的合作潜力，并努力推进与土耳其、泰国、马来西亚、缅甸和中国澳门黄金市场的合作融通，为境内外投资者开辟多样化的投资渠道，不断提升中国黄金市场的国际影响力。

第七章 保险市场

2019年，我国保险市场总体平稳运行，保险业积极转向高质量发展模式，保费收入继续保持平稳增长，保险保障功能持续增强，服务实体经济质效不断提升。保险市场秩序不断规范，风险管理水平稳步提升，风险防控的基础不断夯实。同时，外部形势依然复杂，发展质量不高的问题依然存在。

一、运行情况

（一）原保费收入

2019年，我国保险业共实现原保险保费收入42 645亿元，同比增长12.2%。其中，财产险、寿险、健康险、意外险占比分别为27.32%、53.36%、16.56%和2.76%。2015—2018年，保险业原保费收入依次为24 282.52亿元、30 959.10亿元、36 581.01亿元和38 016.62亿元，年增长率分别为20.00%、27.50%、18.16%和3.92%。2015—2018年，产险公司原保险保费收入年增长率依次为11.65%、10.01%、13.76%和11.52%；寿险公司原保险保费收入年增长率依次为24.97%、36.78%、20.04%和0.85%。

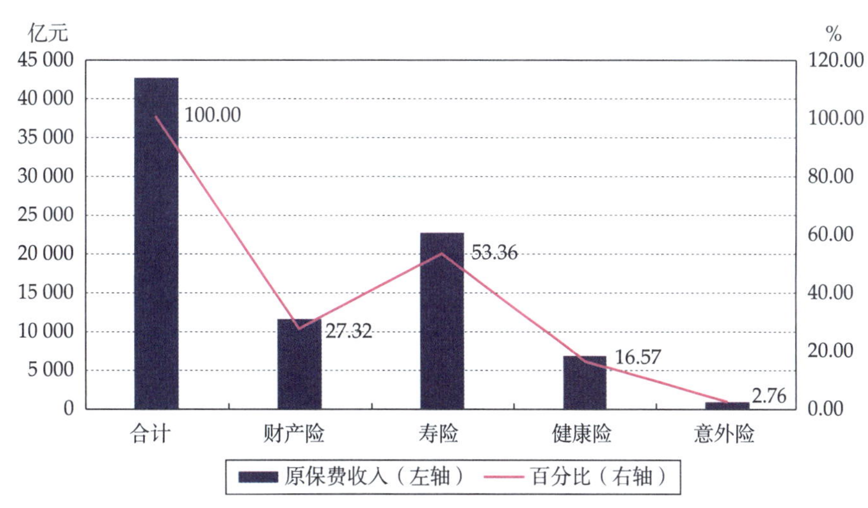

图7-1 2019年原保费收入结构

（数据来源：中国银保监会网站）

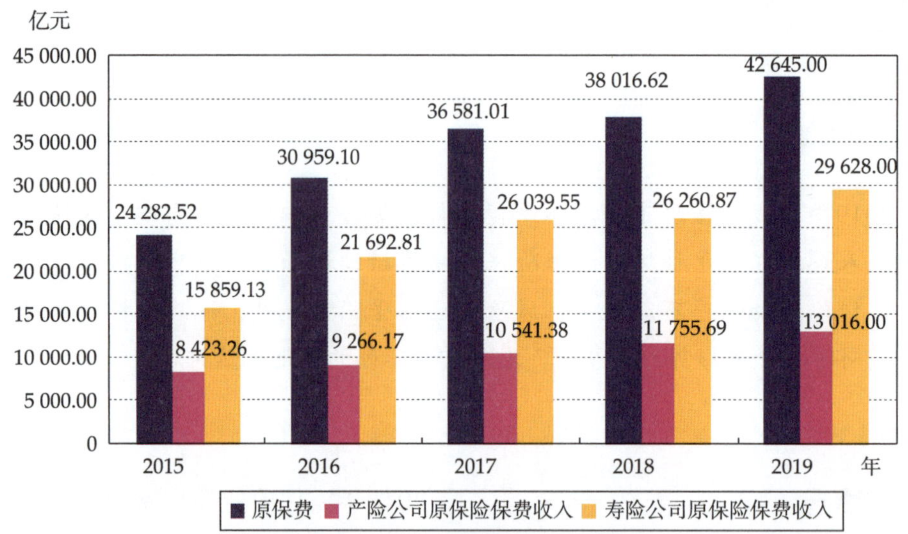

图7-2 2015—2019年原保费收入结构

（数据来源：中国银保监会网站）

（二）赔款和给付支出

2019年，保险业赔款和给付（以下简称赔付）支出12 894亿元，同比增长4.85%。其中，财产险赔付支出占比为47.95%，寿险赔付支出占比为35.69%，健康险赔付支出占比为14.18%，人身意外伤害险赔付占比为2.18%。2015—2018年，保险业赔付支出分别为8 674.14亿元、10 512.89亿元、11 180.79亿元和12 297.87亿元，年增长率分别为20.20%、21.20%、6.35%和9.99%。

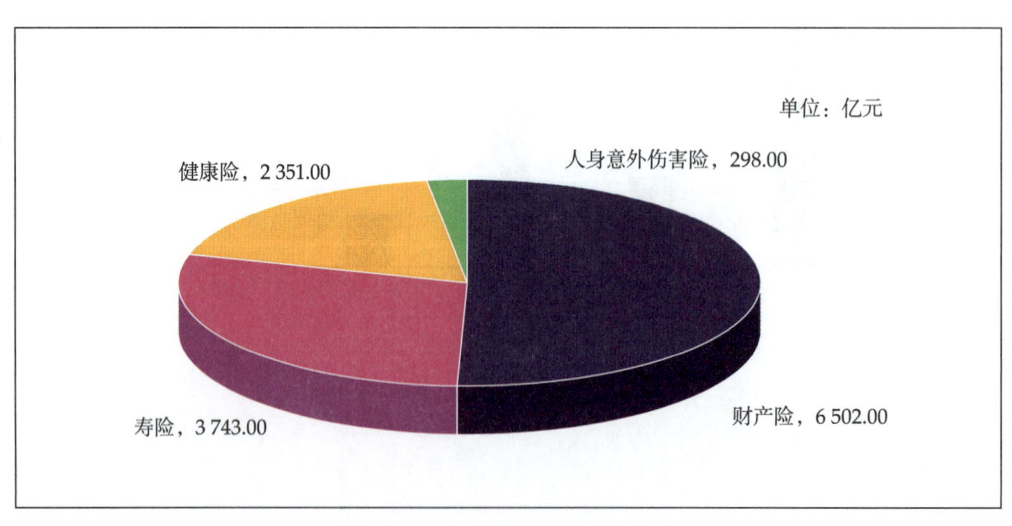

图7-3 2019年赔付支出结构

（数据来源：中国银保监会网站）

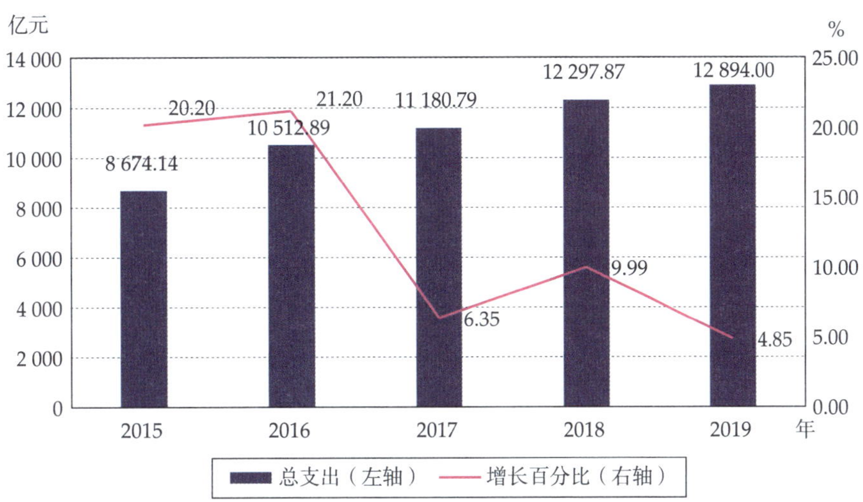

图7-4 2015—2019年赔付支出情况

（数据来源：中国银保监会网站）

（三）保险业总资产

截至2019年末，保险公司总资产20.6万亿元，较年初增加2.2万亿元，增长12.2%。其中，财产险公司总资产2.3万亿元，较年初下降2.3%；人身险公司总资产17.0万亿元，较年初增长16.1%；再保险公司总资产4 261亿元，较年初增长16.8%；保险资产管理公司总资产641亿元，较年初增长15.0%。2015—2018年，保险业总资产依次为123 597.76亿元、151 169.16亿元、167 489.37亿元和183 308.92亿元，年增长率分别为21.66%、22.31%、10.08%和9.45%。

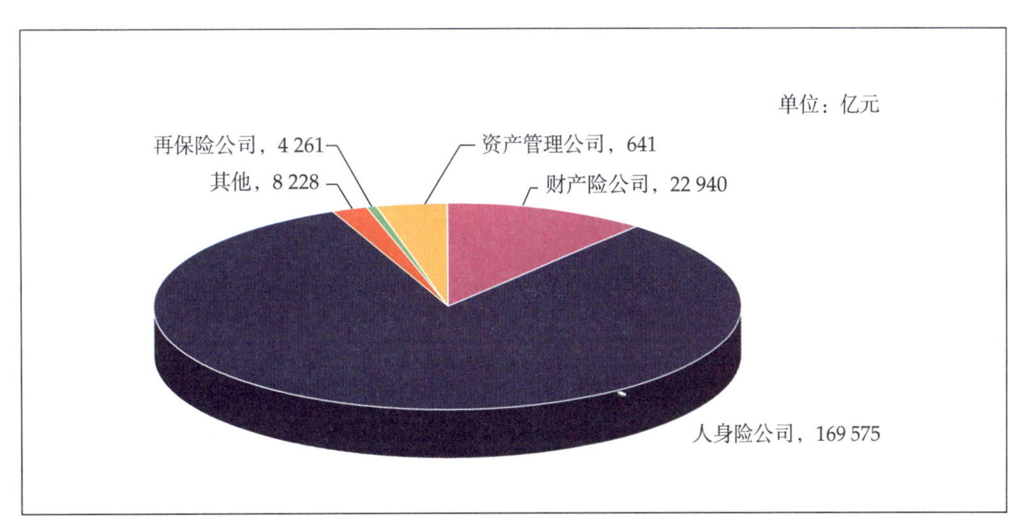

图7-5 2019年保险行业总资产结构

（数据来源：中国银保监会网站）

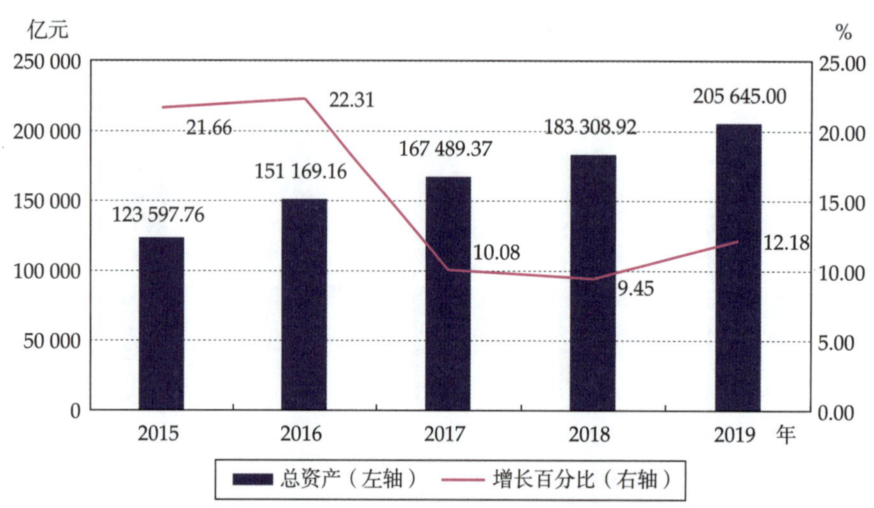

图7-6 2015—2019年保险业总资产情况

（数据来源：中国银保监会网站）

二、运行的主要特点

（一）行业持续加强保险服务

2019年，保险业提供保险金额6 470万亿元，同比下降6.19%；赔款和给付支出12 894亿元，同比增长4.85%。财产险业务和人身险业务发展基本保持平稳，保险金额略有下降。其中，产险公司保险金额5 368.78万亿元，同比下降7.07%；人身险公司新增保险金额1 101.26万亿元，同比下降1.64%。从险种看，机动车辆保险金额252.34万亿元，同比增长19.45%；责任险保险金额1 560.19万亿元，同比增长80.13%；农险保险金额3.81万亿元，同比增长10.12%；寿险新增保险金额38.90万亿元，同比增长29.67%；健康险保险金额1 219.94万亿元，同比增长52.91%；意外险保险金额2 824.62万亿元，同比下降25.84%。

（二）行业积极转型回归本源

2019年，保险业新增保单件数495.38亿件，同比增长70.40%。其中，产险公司签单数量487.41亿件，同比增长72.46%；人身险公司本年累计新增保单7.97亿件，同比下降1.48%。从险种看，货运险签单数量49.44亿件，同比增长1.1%；责任险签单数量93.47亿件，同比增长28.57%；保证险签单数量28.08亿件，同比增长22.83%；车险签单数量4.97亿件，同比增长10.94%；寿险新增保单1亿件，同比增长12.36%；其中普通寿险7 094万件，同比增长22.09%；健康险112.84亿件，同比增长252.51%；意外险135.36亿件，同比增长108.28%。我国加大对生猪产业支持力度，深化保险资金支农支小融资试点。2019年1—11月，农业保险为1.78亿户次参保农户提供风险保障3.5万亿元，为4 400万户次农户支付赔款525亿元。

（三）风险抵御能力持续增强

2019年1月，银保监会印发《关于保险资金投资银行资本补充债券有关事项的通知》（银保监发〔2019〕7号），允许保险资金投资符合条件的银行发行的无固定期限资本债券。2019年4月28日，《中国银保监会关于印发〈保险公司偿付能力监管规则——问题解答第2号：无固定期限资本债券〉的通知》，进一步明确保险公司投资银行发行的无固定期限资本债券，应当按照《保险公司偿付能力监管规则第8号：信用风险最低资本》，计量交易对手违约风险的最低资本。其中，风险暴露为其账面价值；政策性银行和国有控股大型商业银行的基础风险因子为0.20，全国性股份制商业银行的基础风险因子为0.23。①

2019年保险业整体运行平稳，偿付能力充足率保持在合理区间，风险综合评级结果稳定，杠杆率稳中有降，风险总体可控。2019年末，纳入会议审议的178家保险公司平均综合偿付能力充足率为247.7%，平均核心偿付能力充足率为236.8%，财产险公司、人身险公司、再保险公司的平均综合偿付能力充足率分别为284.2%、240.7%和304.1%；103家保险公司风险综合评级被评为A类，69家被评为B类，4家被评为C类，1家被评为D类。②

（四）保险资金运用配置持续优化

截至2019年末，保险资金运用余额为185 271亿元，较年初增长12.91%，其中银行存款25 227亿元，占比为13.62%，同比增长3.54%；债券64 032亿元，占比为34.56%，同比增长13.57%；股票和证券投资基金24 365亿元，占比为13.15%，同比增长26.77%；其他投资71 674亿元，占比为38.67%，同比增长11.74%。

三、市场创新

（一）深化改革，推动保险业高质量发展

2019年9月，银保监会发布《关于完善人身保险业责任准备金评估利率形成机制及调整责任准备金评估利率有关事项的通知》（以下简称《通知》）。重点从两个方面对人身保险业责任准备金评估利率形成机制进行完善。一是强化评估利率的趋势性调整，未来保险业投资端面临一定压力，为应对可能出现的利差损风险，《通知》对2013年8月5日及以后签发的普通型养老年金或10年以上的普通型长期年金，将责任准备金评估利率上限由年复利4.025%和预定利率的较小者调整为年复利3.5%和预定利率的较小者，其他险种的评估利率要求维持不变。二是强化评估利率形成机制的组织保障，《通知》支持中国保险行业协会设立人身保险业责任准备金评估利率专家咨询委员会，定期研究讨论评估利率调整的必要性及其影响，形成相关建议供监管部门决策参考。《通知》有利于进一步深化人身保险费率形成机制改革，筑

① 参考来源：http://www.cbirc.gov.cn/cn/view/pages/ItemDetail.html?docId=217553&itemId=928&generaltype=0，访问日期：2020年2月20日。

② 数据来源：http://www.cbirc.gov.cn/cn/view/pages/ItemDetail.html?docId=904329&itemId=915，访问日期：2020年5月15日。

牢防范人身保险市场系统性风险的底线，推动人身保险市场高质量发展。[①]

2019年11月，为进一步规范健康保险经营行为，保护消费者合法权益，银保监会对《健康保险管理办法》进行了修订。本次修订完善了健康保险的定义和业务分类，将医疗意外险纳入健康保险范畴；统一财产险和人身险公司健康保险的监管制度、经营规则和准备金评估标准；鼓励健康保险产品针对医疗新方法、新药品、新器械提供保障，支持医学进步，促进健康产业发展；引导保险业发挥社会责任，针对贫困人口给予倾斜支持，助力健康扶贫工作；明确长期医疗保险可以进行费率调整，应对疾病谱变化、医疗技术进步带来的医疗费用上涨，并支持健康保险产品结构向长期化方向发展；要求保险公司销售健康保险产品时严格执行备案或者审批的条款和费率，不得强制搭售其他产品；禁止保险公司非法搜集、获取被保险人除家族病史之外的遗传信息、基因检测资料等；支持健康保险与健康管理相结合，提供疾病预防、慢病管理等服务，降低健康风险，减少疾病损失；顺应互联网时代特点，支持通过数字技术等手段方便健康保险合同履行。[②]

（二）加强制度机制建设，推动农业保险高质量发展

2019年9月，银保监会等四部门发布《关于加快农业保险高质量发展的指导意见》（以下简称《指导意见》），要求按照党中央、国务院决策部署，优化农业保险运行机制，推动农业保险高质量发展，更好地满足“三农”领域日益增长的风险保障需求。《指导意见》指出，到2022年，要基本建成功能完善、运行规范、基础完备，与农业农村现代化发展阶段相适应、与农户风险保障需求相契合、中央与地方分工负责的多层次农业保险体系。稻谷、小麦、玉米3大主粮作物农业保险覆盖率达到70%以上，收入保险成为我国农业保险的重要险种，农业保险深度（保费/第一产业增加值）达到1%，农业保险密度（保费/农业从业人口）达到500元/人。到2030年，农业保险持续提质增效、转型升级，总体发展基本达到国际先进水平，实现补贴有效率、产业有保障、农民得实惠、机构可持续的多赢格局。在提高农业保险服务能力方面，《指导意见》提出要扩大农业保险覆盖面，提高农业保险保障水平，拓宽农业保险服务领域以及落实便民惠民举措。在优化农业保险运行机制方面，《指导意见》提出要明晰政府与市场边界，完善大灾风险分散机制，落实农业保险大灾风险准备金制度，清理规范农业保险市场等措施。在加强农业保险基础设施建设方面，《指导意见》提出要完善保险条款和费率拟订机制，加强农业保险信息共享，优化保险机构布局，完善风险防范机制。《指导意见》还指出，要进一步强化协同配合，加大政策扶持，为农业保险发展营造良好市场环境。

---

① 银保监会有关部门负责人就《关于完善人身保险业责任准备金评估利率形成机制及调整责任准备金评估利率有关事项的通知》答记者问，http://www.gov.cn:8080/zhengce/2019-09/02/content_5426425.htm，访问时间：2019年12月1日。

② 中国银保监会有关部门负责人就新修订的《健康保险管理办法》答记者问，http://www.cbirc.gov.cn/cn/view/pages/ItemDetail.html?docId=853695&itemId=916&generaltype=0，访问时间：2020年2月19日。

（三）引导保险业更好服务实体经济，有效防范金融风险

2019年7月，为进一步完善保险资产负债管理监管制度体系，加强资产负债管理监管硬约束，推动行业转型和实现高质量发展，银保监会制定了《保险资产负债管理监管暂行办法》（以下简称《暂行办法》）。关于资产负债管理，《暂行办法》主要从组织体系、控制流程、模型工具、绩效考核、管理报告以及期限结构匹配、成本收益匹配和现金流匹配等方面，对保险公司建立健全资产负债管理体系提出了相应要求，与能力评估规则和量化评估规则的具体内容相对应。《暂行办法》还规范了资产负债管理监管评估的方式，明确依据资产负债管理能力和匹配状况对保险公司实施差别化监管，强化了资产负债管理监管硬约束。《暂行办法》的发布和实施有利于推动保险公司提高资产负债管理能力，防范资产负债错配风险，有利于引导保险行业转型和稳健审慎资产配置，促进行业高质量发展。

在做好资金监管的同时，银保监会还进一步采取措施鼓励保险公司发挥机构投资者作用，服务实体经济，防范化解金融风险。一是支持保险资金投资科创板上市公司股票，通过新股配筹、战略增发和场内交易等方式参与科创板股票投资，进一步优化保险资产配置结构，服务科技创新企业发展。二是鼓励保险公司增持优质上市公司股票。我们正在研究推进保险公司长期持有股票的资产负债管理监管评价机制，参与稳定和支持资本市场发展。三是允许保险资产管理公司设立专项产品，参与化解上市公司股票质押的流动性风险，并且在产品投资范围和权益类资产监管比例方面给予了一定的政策支持。[①]根据中保保险资产登记交易系统有限公司的统计，截至2019年末，专项产品目标规模已经达到1 360亿元。

（四）促进保险行业标准化建设，推动中国保险业健康发展

2019年4月1日，中国保险业首个国家标准《保险术语（GB/T 36687—2018）》（以下简称《标准》）正式实施。《标准》由全国金融标准化技术委员会保险分技术委员会组织，中国太平洋保险（集团）股份有限公司牵头起草，行业内外多领域多机构专家参与编制，是近年来保险行业标准化建设取得的一项标志性成果。相比行业标准，《标准》兼具权威性、专业性及普及性。一是《标准》内容新增面向普通消费者的“基础术语”章节，包含保险产品定义、销售、承保、理赔等销售及服务环节常用术语；二是《标准》编制审查过程中不仅广泛听取行业意见，还引入中国标准化研究院、交通部公路科学研究院、数据通信技术研究所等行业外专家意见，对《标准》进行反复论证审查，包含的术语更加丰富，描述更加准确。

《标准》的发布实施对保险行业的转型发展具有非常重要的意义。一是有助于维护消费者权益。作为保险业的标准用语“词典”，《标准》有利于促进社会公众对保险知识的理解和普及，帮助消费者更好地理解

① 银保监会国新办新闻发布会答问实录，http://www.cbirc.gov.cn/cn/view/pages/ItemDetail.html?docId=224504&itemId=915&generaltype=0，访问时间：2020年2月18日。

保险产品、条款和保险机构提供的各项保险服务，有助于提高消费者对保险的满意度，提升保险行业形象。二是有助于提升行业内外合作沟通效率，推动保险业务发展。《标准》是保险数据和信息交互的基础，有利于提高保险行业内及保险业与其他关联行业的合作沟通效率，加速达成相互理解，降低交互成本，推动保险业务发展。三是有助于加强行业风险管控，促进保险业健康发展。《标准》是保险行业走向标准化数字化的基石，有助于监管机构获取统一口径的业务统计分析数据，对保险机构的市场行为、偿付能力、公司治理结构等实现有效的风险监测，加强行业风险管控，促进保险业从高速发展走向高质量发展之路。

四、对外开放

经党中央、国务院批准，2019年5月，中国银保监会从取消外资股比限制、放宽市场准入条件、拓宽商业存在等方面，提出保险业新开放政策措施。2019年7月，国务院金融稳定发展委员会办公室在深入研究评估的基础上，再次推出包括放宽外资保险公司准入条件在内的新开放政策措施。

（一）取消或放宽外资持股比例限制

2019年11月，银保监会修订发布《中华人民共和国外资保险公司管理条例实施细则》（以下简称《实施细则》），落实关于放宽外资人身险公司外方股比限制的开放举措。《实施细则》第三条相关规定修改为“外国保险公司与中国的公司、企业合资在中国境内设立经营人身保险业务的合资保险公司，其中外资比例不得超过公司总股本的51%”并增加“中国银行保险监督管理委员会另有规定的，适用其规定”，为2020年适时全面取消外方股比限制预留制度空间。

（二）放宽外资机构准入条件

2019年，银保监会修订《实施细则》，落实关于放宽外资保险公司准入条件的开放举措，包括“在全国范围内取消外资保险机构设立前需开设2年代表处的要求”以及“取消30年经营年限要求”。根据《国务院关于修改〈中华人民共和国外资保险公司管理条例〉和〈中华人民共和国外资银行管理条例〉的决定》，《实施细则》中不再对“经营年限30年”“代表机构”等相关事项作出规定。

（三）优化外资机构监管规则

《实施细则》进一步统一了中外资保险公司的监管规则，一是在分支机构管理方面，《实施细则》删除了关于外资保险公司分支机构管理的部分原有条款。外资保险公司分支机构的设立和管理方面与中资保险公司均适用《保险公司分支机构市场准入管理办法》等相关规定，确保在统一规则下开展合作与竞争。二是在中国申请人的资格管理方面，明确设立合资保险公司的中国申请人的条件和管理统一适用《保险公司股权管理办法》，确保相关监管规定的协调统一。

同时，为了进一步规范外资保险公司股权管理，《实施细则》要求外资保险公司至少有1家经营正常的保险公司作为主要股东。主要股东是指持股比例最大的股东，以及法律、行政法规、银保监会规定的其他对公司经营管理有重大影响的股东。《实施细则》规定主要股东应当承诺自取得股权之日起五年内不转让所持有的股权。外资保险公司主要股东拟减持股权或者退出中国市场的，应履行股东义务，保证保险公司偿付能力符合监管要求。上述制度安排有利于进一步完善外资保险公司股权管理方面的监管制度，优化外资保险公司治理机构，保障外资保险公司持续稳健运行。

五、发展展望

当前保险业运行总体平稳，主要指标处于合理区间，但是风险形势依然复杂，存在着不确定性和不稳定性。保险业将认真贯彻党中央、国务院决策部署，全面深化金融供给侧结构性改革，健全商业车险费率市场化形成机制，推进再保险市场建设，扩大巨灾保险试点范围；进一步扩大对外开放，加快已出台政策落地见效，吸引主业突出、管理先进、具有优良记录的境内外专业机构入股中资保险公司，大力改善股本结构；坚决打赢防范化解金融风险攻坚战，有效防范化解外部冲击风险，做好保险机构压力测试，完善应对预案；推动提升金融服务实体经济质效，大力发展绿色金融，推出一批有利于环境保护的金融产品，进一步提高环境污染责任强制保险覆盖面与渗透率。

专题九 发挥场内市场优势 推动健康保险供给侧结构性改革

作为保障经济社会发展和服务国家治理能力与治理体系现代化的保险业，是供给侧结构性改革关注的重点领域。随着社会保障体系的不断完善，商业健康保险的作用逐渐凸显。但商业健康保险还面临诸多问题，在整个医疗保障体系中所发挥的作用仍然相对有限，在满足群众保障需求方面还有很大的发展空间。

一、商业健康险是我国社会保障体系的重要补充

未来几年是我国全面深化改革的攻坚时期，包括社会保障在内的各种改革措施的推出可能触及多方面利益，形成一些不稳定因素。通过借助市场力量来健全社会保障体系，减少人们的后顾之忧，提高社会对重大改革措施的承受能力，有利于维护社会稳定。商业保险作为市场经济不可或缺的制度安排和政府为民惠而不费的有效途径，可以发挥更大作用。作为商业健康险是商业保险未来发展的重要方向，能够减轻老百姓在基本医保之外的医疗费用、疾病损失费用、护理保健费用等带来的家庭财务负担。随着经济社会的发展和进步，人民群众对提高健康保障水平的更高要求，需要一个多层次的医疗保障体系。通过积极发展医疗保险、重疾保险、护理保险和失能收入损失保险等商业健康险，可以满足人民群众基本医疗保障之上的需求，提高群众对风险的抵抗能力，有利于推进全面小康建设。

二、商业健康险供给侧结构性改革仍受众多因素制约

（一）健康保险产业链条长、壁垒高

从健康产业链来看，健康产业链涉及保险、医疗服务、药品供应、养老保健、健康管理等多个领域的业务融合，而目前多数开展健康保险业务的保险机构在专业医疗团队的储备上存在不足，同时与各类医疗机构、保健机构等处于“买单式”的关系，尚未建立“利益共享、风险共担”的关系，从而制约商业健康保险的市场发展。

（二）健康险发展还不能满足人民群众需要

一是产品供给同质化严重。健康险产品模仿与跟风严重，不同保险公司的同类产品往往在保险责任上无太大差别。二是产品供给结构不合理。我国目前疾病保险产品和医疗保险产品的比例占据整个商业健康保险市场的98%，随着老龄化社会的加速发展亟须长期护理险、失能险的协同发展，而目前市面上此类保险的占比不足2%，险种结构不合理。三是健康险知识普及落后，影响了大众对于健康险的获得感，通过保险解决健康风险防范意识普遍不足。

（三）健康险行业数据基础较为薄弱

一是行业间数据共享机制不完善。目前，我国医疗、医保和医药卫生数据缺乏整合，存在社保部门、公立医院对医疗数

据垄断的问题，保险公司很难了解客户的既往病史以及医疗费用的开支，导致在风险管理层面缺乏依据。二是保险机构信息管理能力落后。很多保险机构的信息系统建设相对落后或者理赔业务外包等情况，都可能导致客户的健康数据积累不足，从而难以实现客户数据的有效管理与运用。

三、发挥场内交易优势，着力破解健康险供给侧难题

（一）着力建设数字化健康保险交易平台

借鉴境外经验，建设健康保险交易平台，探索解决医疗数据获取难、产品同质化等问题，助力提升健康保险的交易效率和服务质量，完善我国多层次医疗保障体系。一是区域性布局取得重大政策支持。二是政府合作与市场化拓展并重。三是推出规范的交易服务体系与数据标准体系。

（二）加快健康险产品创新体系建设

通过医疗健康大数据的深度挖掘与分析，针对不同保险领域和人群开发针对性更强的特色产品；以个人或者家庭为单位，支持带病投保，提高商保覆盖率，从而提升商保在整体卫生支出中的占比，缓解社保压力；优化商业健康保险的产品供给，推动从理赔型保险向管理型保险的转型。

（三）大力打造健康险产业链生态

着力打造健康险生态系统，在健康保险服务、医疗资源领域重点布局，通过行业协会对接健康管理服务资源。同时以健康保险服务平台为中心，聚集专业的新型保险机构、医疗机构，服务于上下游的健康产业链条，实现更好的产品开发、产品定价、医疗服务、理赔风控等，从而提升健康保险的专营化水平。

（四）建立健康保险标准提升交易效率

通过智能医疗转码、大数据风险模型等先进技术，整合卫健委数据结构标准、银保监会下发的《医保数据交换规范》、医疗合作方标准等多方知识，针对保险机构和医疗机构逐步形成一系列的标准对接规范和数据规范。探讨医疗领域业务编码标准规范以及DGR分组与付费技术规范等，促进基于医疗数据规范的商业健康保险的变革，并逐步构建交易标准与规则体系，提升商业健康保险的交易效率。

（五）科技赋能健康保险创新模式

创新科技将成为健康保险行业不断发展的助推器，通过大数据、人工智能、区块链、物联网等技术的应用，可以在产品创新、精准营销、风险防控、个性化服务等方面实现跨越式的发展，改善健康保险的行业生态环境。健康保险服务平台将不断引入新科技。

第八章 衍生品市场

2019年，中国衍生品市场规模稳步扩大，市场运行质量不断提升，服务实体经济的功能逐步体现，对外开放深入推进，品种创新步伐显著加快。商品期货与期权市场交易规模大幅增长，全年上市期货与期权新品种14个，为我国期货市场历年之最。股指期货市场基本恢复常态化，国债期货市场发展成熟度稳步提升，沪深300股指期权的推出，填补了境内市场股指期权的空白。多个期货品种直接向国际投资者开放交易，境外参与者稳步增加。利率互换市场规模进一步增长，参与机构类型更趋多元化。信用风险缓释工具（CRM）创设规模大幅增长，推动缓解企业特别是民营企业融资困境。汇率衍生品市场交易活跃度小幅回落，交易机制进一步完善。

一、商品期货期权市场

（一）运行情况

2019年，商品期货与期权市场累计成交38.96亿手和220.99万亿元，同比分别增长29.78%和19.65%。

分交易所来看，上海期货交易所（以下简称上期所[①]）成交14.48亿手和112.52万亿元，同比分别增长20.44%和19.35%，市场占比分别为37.16%和50.92%。大连商品交易所（以下简称大商所）成交13.56亿手和68.93万亿元，同比分别增长38.05%和32.05%，市场占比分别为34.80%和31.19%。郑州商品交易所（以下简称郑商所）成交10.92亿手和39.54万亿元，同比分别增长33.58%和3.45%，市场占比分别为28.04%和17.89%。

根据期货业协会（Futures Industry Association，FIA）数据，按场内衍生品成交量统计，上期所、大商所和郑商所的全球排名依次为第10、第11和第12名，同比分别持平、上升1名和上升1名。按场内商品衍生品成交量统计，上期所、大商所和郑商所的全球排名依次为第1、第2和第4名，同比分别持平、上升1名和持平。

① 本章节所指的上期所均包含其下属子公司上海国际能源交易中心（文中简称上期能源INE）。

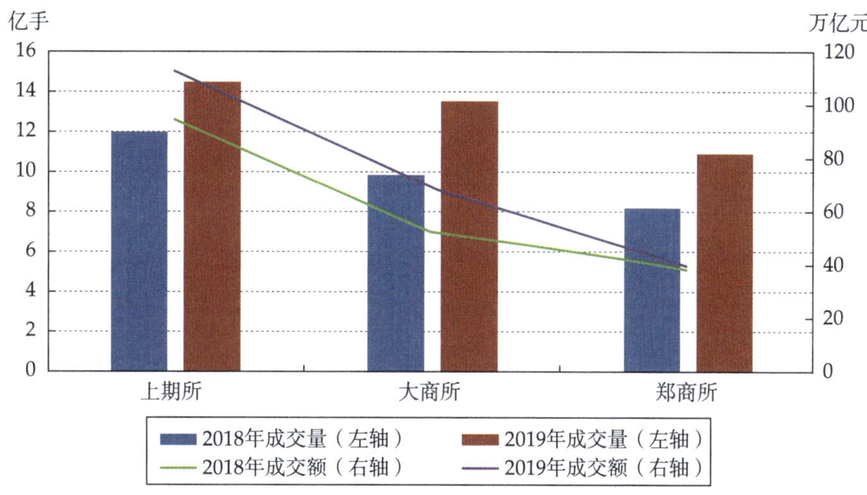

图8-1 2018—2019年中国各期货交易所成交量与成交额

（数据来源：中国期货业协会）

表8-1 2019年全球前十大交易所（按场内商品衍生品成交量排名）

2019年排名	2018年排名	交易所	2019年/亿手	2018年/亿手	同比/%
1	1	上海期货交易所（SHFE）	14.48	12.02	20.44
2	3	大连商品交易所（DCE）	13.56	9.82	38.05
3	2	芝加哥商业交易所集团（CME Group）	11.35	11.82	-3.95
4	4	郑州商品交易所（ZCE）	10.92	8.18	33.58
5	5	洲际交易所（ICE）	7.76	7.97	-2.65
6	6	莫斯科交易所（MOEX）	6.64	4.78	38.72
7	7	印度大宗商品交易所（MCX）	3.07	2.30	33.10
8	8	香港交易所集团（HKEX）	1.76	1.85	-4.69
9	9	印度商品交易所（ICEX）	0.88	0.27	228.09
10	12	伊斯坦布尔交易所（BIST）	0.58	0.22	161.08

数据来源：FIA，中国期货业协会。

在2019年全球农产品、金属和能源三类品种的成交量排名中，农产品和金属类品种的前三名都是中国的期货品种，大商所豆粕、郑商所菜籽粕、大商所棕榈油是农产品类品种的前3名，成交量分别为2.73亿手、1.38亿手和1.36亿手；上期所螺纹钢、大商所铁矿石和上期所镍是金属类品种的前3名，成交量分别为4.65亿手、2.97亿手和1.60亿手。

从成交活跃程度来看，商品期货成交量前十大品种依次为螺纹钢、PTA、铁矿石、豆粕、甲醇、燃料油、镍、白银、菜籽粕和棕榈油，合计成交量为23.66亿手，占商品期货总成交量的61.37%。成交额排名前十位的品种依次为：铁矿石、镍、螺纹钢、原油、黄金、焦炭、白银、PTA、铜和豆粕，合计成交额为130.97万亿元，占商品期货总成交额的59.27%（各商品期货品种成交量与成交额如图8-2所示）。

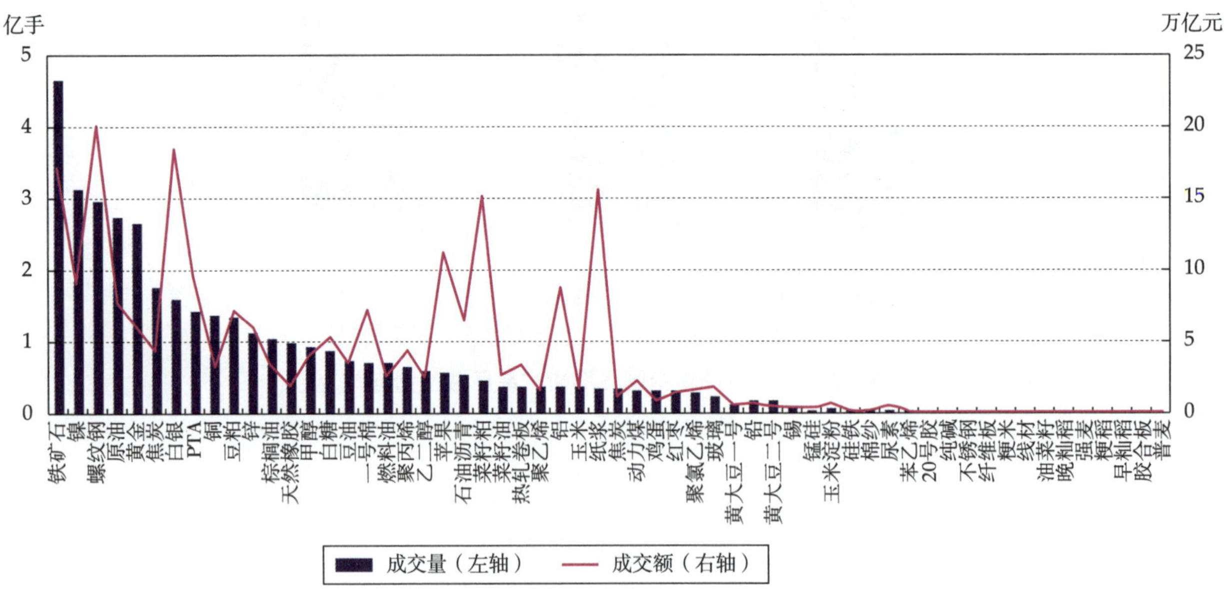

图8-2 2019年中国各商品期货品种成交量与成交额

（数据来源：中国期货业协会）

（二）运行的主要特点

1. 商品期货市场交易规模大幅增长

2019年，全国商品期货市场累计成交38.55亿手和220.95万亿元，同比分别增长29.22%和19.64%。农产品类中，棕榈油成交量同比增长205.57%；油菜籽、纤维板、鸡蛋、白糖、豆油、玉米和菜籽粕的成交量增幅大于30%。由于全球经济不确定性提高，以及包括引入黄金、白银期货做市商制度等贵金属品种创新力度加大等因素共同影响，金属类中白银、黄金成交量增幅分别达到238.04%和186.58%，镍和铁矿石的成交量增幅大于25%，锡成交量同比增长18.40%。能源化工类中，随着“保税380燃料油”期货合约的顺利推出，燃料油成交量同比大幅上升350.02%；另外，聚丙烯、PTA、聚乙烯和甲醇的成交量增幅大于60%，石油沥青和原油的成交量增幅大于30%。

2. 商品期货期权市场交易规模同步增长

2019年，新上市商品期货期权品种7个，全国商品期货期权市场全年累计成交4 059.51万手和333.27亿元，同比分别增长120.89%和54.38%。其中成交量占比前三名的品种为豆粕、白糖和玉米期权，全年分别成交1 780.92万手、677.27万手和676.02万手，成交量合计占比为77.21%；成交额占比前三名的品种为铜、豆粕和白糖期权，成交金额分别为113.55亿元、73.15亿元和53.37亿元，成交金额合计占比为72.03%。

（三）创新与制度建设

1. 上市期货与期权新品种数量创新高

2019年全年，中国商品期货期权市场共上市7个商品期货和7个商品期权品种。其中，上期所上市4个品种，包括20号胶、不锈钢期货和天然橡胶、黄金期权；大商所上市4个品种，包括粳米、苯乙烯期货和玉米、铁矿石期权；郑商所上市6个品种，包括红枣、尿素、纯碱期货和棉花、PTA、甲醇期权。商品衍生品市场创新力度的加大，使得新上市品种数量创历年之最，风险管理工具日渐丰富，提升了商品期货期权市场服务实体经济的质效。

2. 不断完善法律法规与规章制度

1月，证监会就《合格境外机构投资者及人民币合格境外机构投资者境内证券期货投资管理办法（征求意见稿）》及其配套规则公开征求意见，新规实施后将允许合格境外机构投资者（QFII）和人民币合格境外机构投资者（RQFII）投资商品期货、期权等产品。7月，证监会发布了《境外证券期货交易所驻华代表机构管理办法》，把境外期货交易所代表处纳入监管。11月，证监会副主席方星海在第15届深圳期货业大会上表示，期货法立法工作已经征求完国务院意见，进入全国人大立法程序。

3. 扩大“保险+期货”试点

三家商品期货交易所进一步加大了“保险+期货”试点的范围和投入力度，投入支持资金约3.5亿元，组织实施了约130个试点项目，涉及玉米、大豆、豆粕、鸡蛋、白糖、苹果、红枣、天然橡胶等多个品种，助力打赢脱贫攻坚战。

（四）对外开放

1. 对外开放品种继续扩容

8月，我国第4个对外开放品种20号胶期货挂牌交易①，为国际橡胶产业链企业提供风险管理工具。现有对外开放品种方面，原油期货从成交桶数上看，稳居全球前三大原油期货市场；境外客户年底数较上市初期增长约6倍，覆盖了四大洲17个国家和地区。铁矿石期货方面，持续保持全球最大铁矿石衍生品的地位；截至2019年末，已开户的境外客户超过130家。PTA期货方面，截至2019年末，已开户的境外客户超过140家，境外客户日均交易量占PTA期货交易量的7.6%。中石油、中石化在与壳牌、BP、维多等境外涉油企业开展的现货贸易中采用了原油期货价格，全球最大的铁矿石生产商巴西淡水河谷与国内钢铁企业签订了以铁矿石期货价格为基准的基差贸易合同，多家欧盟企业在与国内企业的PTA贸易中参考PTA期货来定价。商品期货对外开放品种的价格影响力稳步提升。

2. 多措并举促进跨境业务开展

10月，证监会正式公布，决定自2020年1月1日起，取消期货公司外资股比51%的限制，符合条件的境外投资者持有期货公司股比可至100%。11月，大商所获得新加坡金融监管局（MAS）批准，成为认可市场运营商（RMO）。至此，上期所、大商所、郑商所都已取得了香港的自动化交易服务（ATS）

① 截至2019年末，中国期货市场的对外开放品种有原油期货、铁矿石期货、PTA期货、20号胶期货。

牌照，上期所和大商所取得了新加坡RMO资质。另外，2019年，上期所[①]、大商所、郑商所先后被证监会批复为“合格中央对手方”（QCCP），有助于期货市场提升国际化水平、增强市场吸引力。

3. 加强跨境监管合作

证监会积极加强与各国监管机构的合作，与德国联邦金融监管局、柬埔寨证券交易委员会分别签署了证券期货监管合作谅解备忘录，与法国金融市场管理局签署《金融领域创新合作谅解备忘录》。据公告[②]，证监会已与64个国家和地区的证券期货监管机构建立了跨境监管与执法合作机制。境外交流方面，3月，郑商所正式加入FIA，至此，国内商品期货交易所全部加入FIA。

（五）发展展望

2020年，中国商品期货与期权市场将继续推出各类符合实体经济发展需求的商品期货，逐步实现已上市期货品种的期权全覆盖，并加大对商品指数期货、航运指数期货等指数类期货的研究开发力度。以成熟品种的对外开放为引领，吸引更多国际投资者参与，同时扩大对外开放品种的范围，积极探索研究多元化的市场开放路径。优化交易规则，研究学习国际成熟期货市场法规体系和监管制度。提高跨境监管能力，并以科技监管为支撑，进一步增强监管效能。

二、金融期货期权市场

（一）运行情况

2019年，中国金融期货与期权市场运行平稳，规模稳步增长。

股指期货市场，2019年沪深300、上证50、中证500三个股指期货产品总成交量为5 325.13万手，总成交金额为54.80万亿元，同比分别增长225.81%、248.17%；日均成交量、日均持仓量分别为21.82万手、29.34万手，同比分别增长224.47%、146.50%；日均成交持仓比为0.75，持续处于较低水平。股指期货三个产品期现货价格相关性高，沪深300、上证50和中证500股指期货主力合约收盘价和对应标的指数收盘价的价格相关系数分别为99.86%、99.86%和99.67%。

国债期货市场，2019年2年期、5年期和10年期三个国债期货产品总成交量为1 303.21万手，总成交金额为14.82万亿元，同比分别增长16.62%、40.28%；日均成交量、日均持仓量分别为5.34万手、10.31万手，同比分别增长19.45%、30.22%；日均成交持仓比为0.52，相对稳定。国债期货三个产品期现货价格相关性高，2年期、5年期、10年期国债期货主力合约与现货价格相关性分别达到97%、99%和99%以上。2019年，国债期货顺利完成12个合约的交割，总交割7 904手，平均交割率为6.77%。

股票期权市场，上证50ETF期权合约全年累计成交6.18亿张，日均成交253.29万张，单日最大成交626.67万张，年末持仓379.14万张，日均持仓342.00万张，单日最大持仓515.25万张，累计成交面值17.71万亿元，日均成交面值725.74亿元，累计权利金成交3 359.12亿元，日均权利金成交13.77亿元。2019年12月23日，沪深300ETF期权上市。2019年，沪市沪深300ETF期权合约累计成交

① 上期能源也被证监会批复为“合格中央对手方”。详见上期能源2019年1月28日公告。

② 详见2019年12月25日证监会官网公布信息。

478.27万张，日均成交68.32万张，单日最大成交100.30万张，年末持仓77.14万张，日均持仓49.04万张，单日最大持仓77.14万张，累计成交面值1 934.30亿元，日均成交面值276.33亿元，累计权利金成交29.66亿元，日均权利金成交4.24亿元；深市沪深300ETF期权挂牌合约80个，累计成交140.74万张，其中，认购、认沽期权分别成交73.82万张和66.92万张，权利金累计成交金额9.66亿元，日均成交20.11万张，日均持仓15.72万张，成交持仓比为1.28。

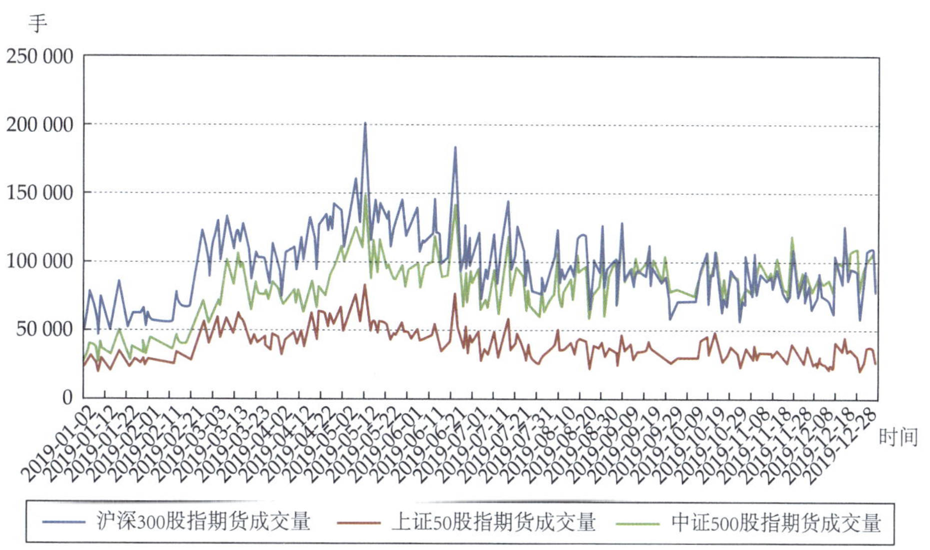

图8-3　2019年股指期货每日成交量

（数据来源：中金所）

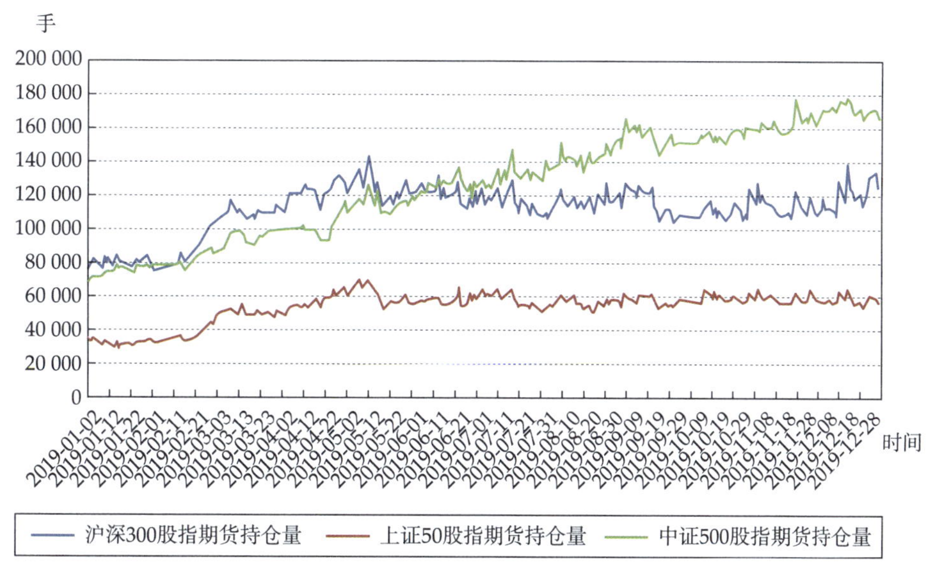

图8-4　2019年股指期货每日持仓量

（数据来源：中金所）

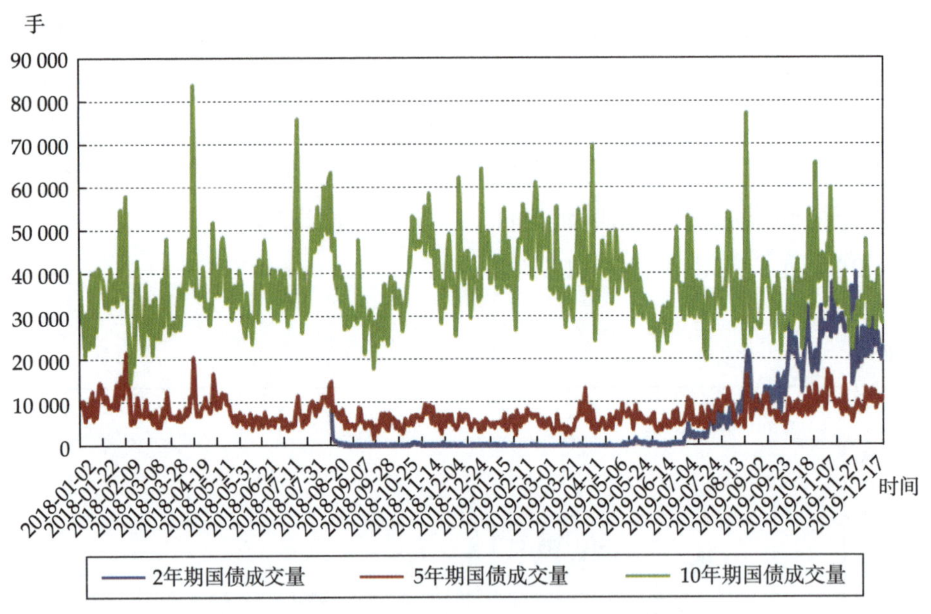

图8-5 2018—2019年国债期货每日成交量

（数据来源：中金所）

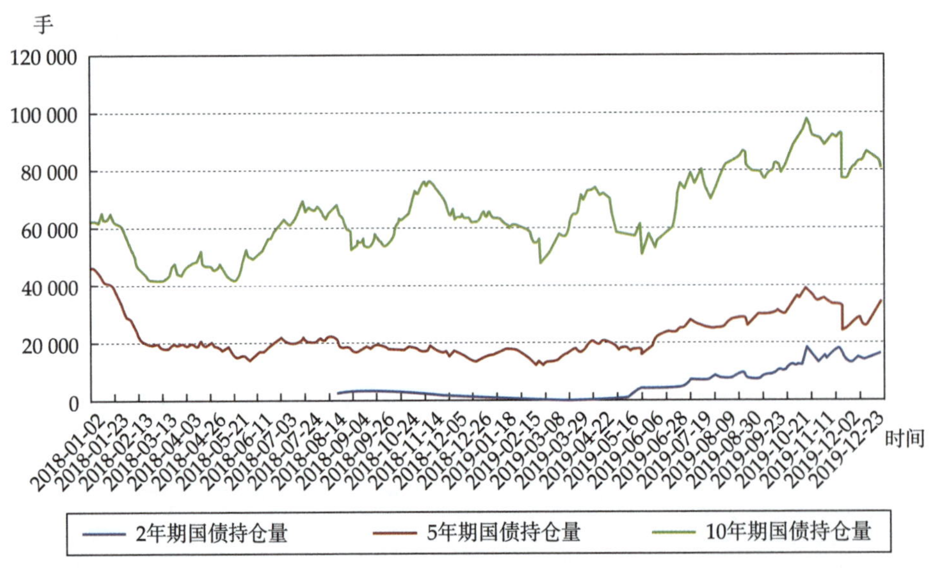

图8-6 2018—2019年国债期货每日持仓量

（数据来源：中金所）

（二）市场的主要特点

1. 股指期货市场基本恢复常态化，市场功能进一步发挥

2019年，股指期货交易安排进一步调整，日内开仓量限制标准提高，平今仓手续费和交易保证金标准降低，股指期货市场基本恢复常态化，日均成交量和持仓量同比都显著增加，市场总持仓量与中证500股指期货持仓量屡创新高，市场总持仓量于2019年12

月17日达到最高值38.34万手，中证500股指期货持仓量于同日达到最高值17.87万手，成交持仓比相对稳定且在较低水平。市场流动性有所改善但有限，最优买卖价差缩小；市场深度较上年略有提升，沪深300、上证50和中证500股指期货主力合约平均五档市场深度分别为22.50手、15.76手和14.63手。机构投资者在沪深300、上证50、中证500股指期货上的日均持仓占比较高，分别为45.76%、53.47%和60.55%，股指期货市场功能进一步发挥。

2. 国债期货市场发展成熟度稳步提升

2019年，国债期货市场成交、持仓稳步提升，表现出期现价格相关性高、机构化特征明显的特点。2019年，国债期货成交量、持仓量同比明显增加。一是受基本面、资金面、中美贸易摩擦等多重因素影响，国债收益率走势以震荡为主，市场机构利率风险管理需求相应增加。二是国债期货引入做市商后，市场流动性大幅提升，投资者的交易成本降低，促进了期现、跨期、跨品种等交易策略的开展。国债期货机构投资者日均持仓占比为84.2%，较2018年提高2.5个百分点。

3. 股票期权市场经济功能逐步发挥

2019年，上海证券交易所股票期权市场日均成交持仓比为0.77，日均期现成交比为0.48，投机交易（方向性交易）占比为23.39%。期权市场质量指数和风险指数显示市场质量逐步改善，市场风险较小。截至2019年末，上海证券交易所期权投资者账户总数为41.33万户，上证50ETF期权做市商共有14家，沪深300ETF期权主做市商共12家。全年使用期权进行保险和增强收益的交易占比分别达到了12.87%和43.77%，市场日均受保市值为178.60亿元，单日受保市值最高达到272.99亿元。总体来看，股票期权市场风险可控且市场参与广泛，期权经济功能得到逐步发挥。

（三）创新与制度建设

1. 上市沪深300ETF期权、沪深300股指期权

2019年11月8日，经国务院同意，证监会正式启动扩大股票期权试点工作。12月13日，经证监会批准，上海证券交易所和深圳证券交易所上市交易沪深300ETF期权合约。作为市场首个跨市场ETF期权产品，沪深300ETF期权覆盖沪深两市更多A股标的，可更好满足投资者的风险管理需求，充分发挥ETF期权经济功能，推动期现联动健康发展。

2019年12月23日，沪深300股指期权正式在中金所上市挂牌交易。沪深300股指期权的创新性主要体现在：一是沪深300股指期权是境内首只股指期权品种，是境内金融衍生品市场创新发展的全新尝试，对于完善资本市场风险管理体系意义重大。二是产品设计平衡好市场需求与风险防范双目标，采用现金交割，充分提升交割时操作便捷性；合约规模较大，有利于机构投资者对较大规模的股票头寸进行风险管理，降低交易成本；合约月份覆盖一年期关键期限，满足市场对多样化、较长期限合约的需求。三是引入市场稳定机制创新模式，设计了引导投资者理性交易的规则制度（深度虚值期权交易限额制度）、研发了防范价格异常波动的风控机制（价格保护带），在境内衍生品市场中均是较为创新的市场稳定机制。

2. 优化股票期权交易机制

2019年，上海证券交易所就股票期权多项交易机制进行了优化，并对部分监管措施作出了调整。一是推出组合策略业务和行权优化机制。2019年11月18日，上海证券交易所推出了股票期权组合策略业务和行权指令合并申报功能。组合策略保证金是在确保风险可控前提下，对特定组合策略减少保证金的收取。行权指令合并申报功能则是允许同时持有相同标的证券的认购和认沽权利仓的投资者，在行权日实现认购、认沽权利仓的同步行权。两项机制的优化可以提高资金使用效率、降低交易成本，为投资者提供更多便利。二是提高单笔申报最大数量及调整交易熔断参数。伴随新标的推出，上海证券交易所将限价订单单笔申报最大数量由30张调整为50张，有助于提升市场流动性，加大期权合约交易的盘口深度，降低投资者开仓、平仓的时间成本。同时，将合约熔断触发条件中最小报价单位的5倍改为10倍，在保障价格稳定机制继续发挥作用、避免期权市场大幅波动的前提下，能够有效减少不必要的交易中断，提高交易连续性。三是调整限开仓标准。2019年5月，上海证券交易所将纳入限开仓计算标准的期权合约范围由“单个合约品种相同到期月份的未平仓认购期权（含备兑开仓）”调整为“单个合约品种相同到期月份的非虚值未平仓认购期权”，进一步完善期权市场风险管理，保护投资者的合法权益。

3. 启动国债期货期转现业务和国债期货做市商业务

2019年1月17日，中金所正式启动国债期货期转现交易。期转现交易是指交易双方协商一致，同时买入（卖出）交易所期货合约和卖出（买入）交易所规定的有价证券或者其他相关合约的交易行为。作为一种新的交易方式，期转现交易的期、现货端交易同时在场外协商达成，期货端既可以平仓，也可以开仓。期转现交易是场内集中竞价交易的必要补充，有助于提高基差交易便利性，减少大额订单对市场的冲击，有效防范交割风险，促进国债期货市场功能发挥。2019年，国债期货期转现累计成交39笔，期货端成交量2 940手，涵盖了所有国债期货品种。

2019年5月16日，中金所推出国债期货做市商，首批8家做市商先后入场开展做市交易。总体来看，做市商推出后，显著提升了2年期国债期货流动性，有利于帮助解决各品种非主力合约流动性不足、容易产生价格瞬时波动等问题，较好地提升了国债期货市场运行质量。一是从买卖价差看，国债期货平均买卖价差明显减小。做市商推出后，2年期、5年期、10年期主力合约日均最优买卖价差均保持在1个最小变动价位左右；2年期、5年期、10年期的远月合约、交割月合约日均最优买卖价差也明显收窄。二是从报单深度看，国债期货平均报单深度增加。做市商推出后，2年期、5年期、10年期主力合约日均5档深度超过300手；2年期、5年期、10年期远月合约日均5档深度也超过50手，较之前明显增长。

（四）对外开放

2019年，中金所立足于我国资本市场对外开放整体布局，深入推进中欧国际交易所（以下简称“中欧所”）及巴基斯坦证券交易所（以下简称“巴交所”）“一带一路”国际化项目发展，促进双边市场实质性合作。一是推动巴交所业务全面发展，切实履行大股东职责，协助巴交所持续完善治理结构，确保巴交所业务平稳运行；推动完成巴交所ETF产品规则设计并通过巴证监会审批；积极推动巴交所技术系统更新换代；以中巴经济走廊项目为支点提升巴交所融资功能，积极服务中巴经济走廊和“一带一路”建设。二是积极支持中欧所业务发展和创新，推动落实第二次中德高级别财金对话政策成果，协助其完成衍生品合约设计并推进相关授权谈判。

（五）发展展望

2020年，中国金融期货与期权市场将紧紧围绕服务实体经济和国家战略要求，有序推动金融产品创新，研究推进并持续完善证券保证金机制等交易机制，不断优化业务规则，大力吸引中长期资金入市，进一步推动市场高水平开放，积极推进金融期货期权市场稳定健康发展。

三、人民币利率衍生品市场

（一）运行情况

2019年，利率衍生品市场两个主要交易品种为利率互换和标债远期。其中，利率互换成交18.2万亿元，同比下降15%；截至2019年末，利率互换市场名义未平仓余额合计23.0万亿元，同比增长22%。标债远期交易活跃度提升，全年累计成交4 368亿元，同比增长约4倍。

利率互换合约价格呈窄幅波动态势。以Shibor3M利率互换为例，2019年末，1年期合约的价格较年初下降约15个基点，5年期合约的价格较年初上升6个基点，两者的价差稳定在40个基点左右。

截至2019年末，共有487家机构进入利率互换市场，产品类参与者、城商行及农商行等中小金融机构入市较多，其中产品类参与者205家，占比为42%；城商行、农商行和农联社133家。标债远期市场累计参与机构54家，包括银行、证券公司、私募产品等。

专栏　优化标准债券远期现金交割方案，激发市场活力

标准债券远期产品是经中国人民银行批准，由中国外汇交易中心、上海清算所协同推出的银行间创新利率衍生品，是在银行间市场交易清算的，以票面利率为3%、按年付息的虚拟国开债为标的的债券远期合约。针对3年期、5年期和10年期三个期限的远期合约，合约面额、交割日等合约要素进行了高度标准化设置。该产品于2015年4月推出，2018年3月进行了现金交割机制的优化，其后市场呈现良好的发展态势。

机制优化升级。标准债券远期现金交割优化主要体现在两个方面。一是优化了可交割券选择机制，将每个合约的可交割券精简锁定为待偿期内当季最活跃的两只国开债，提升了远期合约和国开债现券

的联动性。二是优化了虚拟券价格计算方式，采用市场公允的中债估值作为到期结算价，使得定价方式更加透明清晰，降低了价格操纵风险。

产品优势凸显。一是标准债券远期的产品设计填补了国开债相关衍生品的空白。以往，我国利率衍生品市场以利率互换和国债期货为主，缺少管理国开债这一高流动性券种价格波动风险的利率衍生品，标准债券远期丰富了利率衍生品市场的产品序列。二是拓展了投资者结构。商业银行、证券公司、保险公司、各类型非法人产品等银行间债券市场投资者均可参与。三是提供了多样化的交易策略。标准债券远期定价机制简单透明，与国开债现券价格走势贴合，标的活跃，便于多种交易策略发挥。

市场反馈良好。优化后的标准债券远期交易逐步活跃。2019年，标准债券远期累计清算合约4 187笔、名义本金4 368亿元，同比增长速度分别为42%和435%，业务量稳步提升。月均单笔清算量从2018年3月的0.13亿元/笔，增加至2019年12月的1.16亿元/笔，市场深度持续增加。参与者数量也日益增加，2019年末，标准债券远期集中清算参与者数量达到54家，其中，综合清算会员6家、普通清算会员25家、代理客户23家。各类型机构参与者清算量环比增长显著，参与积极性提高。截至2019年末，城商行、券商和股份制银行同比增幅均超过400%。

未来，为更好地满足市场需求，加速市场扩容，标准债券远期产品运行机制还将不断优化。一是研发实物交割功能，进一步强化远期与现货市场价格联动；二是优化交易机制，不断提升产品流动性，吸引更多市场参与者。

（二）运行的主要特点

1. 参与机构类型更趋多元化

2019年，利率互换市场的参与机构包括股份制银行、全国性商业银行、外资银行、证券公司、城市商业银行等15种机构类型。标准债券远期市场的投资者结构也变得更为多元化。利率衍生品市场交易最活跃的机构为股份制银行，其成交量占市场总量的43%；全国性商业银行交易活跃度提升明显，其成交量占市场总量的15%；其他交易活跃的机构包括证券公司和规模较大的城市商业银行。

2. 参考利率以FR007和Shibor为主

利率互换的参考利率以往一直以FR007为主。近年来，同业存单市场的快速发展推动Shibor3M利率基准性增加，以Shibor3M为参考利率开展利率互换的需求加大。2019年，以FR007和Shibor3M为标的的利率互换交易量占比超过98%。

3. 交易向标准期限合约集中

从利率互换的期限分布看，2019年，1年期和5年期标准合约的成交量分别为8.0万亿元和4.6万亿元，同比分别增长10.8%和41.5%。此外，1~5年期和5年期及以上等长期限品种的成交量占比总体呈上升趋势，合计占比近

40%。总体来看，利率互换市场的期限分布更为均匀，且向长期限、标准化集中趋势较为明显。

（三）创新和制度建设

1. 推出以LPR为参考的利率互换合约

2019年8月17日，人民银行宣布改革LPR形成机制。8月20日，外汇交易中心同步推出挂钩LPR的利率互换合约；9月2日，外汇交易中心于X-Swap系统推出LPR1Y和LPR5Y的利率互换合约，期限覆盖6个月至10年的各关键期限。多家活跃机构通过X-Swap系统对LPR互换合约持续提供双边报价，为市场提供流动性和定价基准。截至2019年末，共49家金融机构参与LPR利率互换交易，其中37家银行、11家券商、1家私募基金，达成交易730笔，交易名义本金共计816亿元，日均交易量约8.9亿元。合约交易期限以1年期以内期限为主，成交占比约为72%。

LPR利率互换交易的推出具有重要意义，一是为银行挂钩LPR的资产提供利率风险管理工具；二是有利于完善LPR相关资产的市场化定价体系，优化金融到实体经济的价格传导机制；三是反映市场对未来LPR利率走势的预期，助力健全市场预期管理。

2. 推出利率互换实时承接业务

为配合利率市场化改革，2019年8月，中国外汇交易中心和上海清算所联合推出利率互换实时承接业务，即中国外汇交易中心在额度控制的前提下达成利率互换交易，上海清算所在风控检查通过的基础上实时承接、集中清算。该业务模式简化了利率互换交易清算环节，减少了机构中后台操作工作量，降低了操作风险，同时还在现有的双边授信模式上增加了机构对中央对手方授信模式，有利于提高利率互换市场的广度，推动市场向纵深发展。业务上线后，市场机构积极参与，业务运行平稳，市场反应良好。截至2019年末，共35家机构申请开通该项业务，累计成交400亿元。

（四）发展展望

2020年，人民币利率衍生品市场产品和交易机制的创新力度将加大，交易和清算自动化效率将进一步提升，将积极推进利率互换、利率期权等市场的对外开放，中央对手清算机制的配套政策也将持续完善。市场参与者将继续丰富，市场流动性进一步提升，从而更好地满足市场对利率风险管理的各类需求，进一步提高金融市场服务实体经济的能力。

四、人民币信用衍生品市场

（一）运行情况

1. 银行间市场信用风险缓释工具的运行情况

2019年，信用风险缓释工具（CRM）创设规模大幅增长。创设信用风险缓释凭证（CRMW）105只，同比增长94%；创设名义本金总计138.5亿元，同比增长108%。其中，绝大部分CRMW参考实体信用评级为AA和AA+，二者共有97只，占比达92%。评级为AA、AA+和AAA的凭证平均费率分别为209个基点、150个基点和72个基点，不同信用等级参考实体的凭证平均费率相差60~80个基点。

银行间市场共达成合约类信用风险缓释

工具交易13笔，名义本金总计9.3亿元。其中，信用风险缓释合约（CRMA）4笔，名义本金总计4.6亿元，信用违约互换（CDS）9笔，名义本金总计4.7亿元。

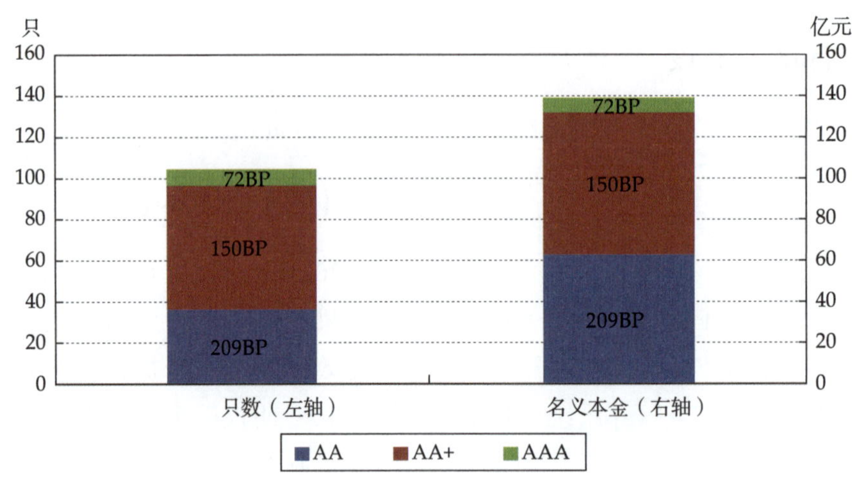

图8-7 2019年CRMW参考实体评级情况

（注：图中数据标签表示平均费率水平，BP代表基点）

2019年，CRM市场参与者数量稳步增长。新增CRM核心交易商8家，一般交易商47家，CRMW创设机构4家，信用联结票据（CLN）创设机构3家。新增的一般交易商以非法人产品和金融机构为主，其中一半以上（24家）已经参与CRM业务。截至2019年末，银行间市场累计共有CRM核心交易商57家，一般交易商84家，CRMW创设机构47家，CLN创设机构44家。CRMW创设机构（信用保护卖方）以信用增进机构、大型银行和股份制银行为主，名义本金占比分别为11.6%、16.5%和49.3%。CRMW投资人（信用保护买方）以银行和非法人产品为主，名义本金占比分别为44%和35.7%。

2. 交易所市场信用保护工具的运行情况

2019年，经中国证监会批准，交易所市场开始发展信用保护合约工具，以提升交易所债券市场服务实体经济能力，完善信用债市场风险定价机制。截至2019年末，上海证券交易所和深圳证券交易所共创设信用保护工具75单，名义本金36.28亿元，支持包括民营企业在内的债券融资296.15亿元，已有16家机构备案成为深圳证券交易所信用保护合约核心交易商，有23家机构成为上海证券交易所信用保护合约核心交易商。

（二）创新与制度建设

1. CRM市场参与者范围持续拓展

2019年，CRM市场参与者类型不断丰富。一是证监会明确符合条件的证券公司和公募基金可以开展包括信用风险缓释工具在内的信用衍生品业务，可在一定程度上满足相关市场参与主体的信用风险管理和对冲需求，促进信用风险缓释工具市场继续发展。二是银保监会明确保险资金可以作为信用保护买方开展信用衍生品业务，在为保险机构信用风险管理提供对冲手段的同时，有助于进一步丰富信用风险缓释工具的投资者结构。

2. 信用风险缓释工具标的债务范围稳步拓展

2019年，信用风险缓释凭证挂钩标的债务范围进一步拓宽，市场投资品种选择持续丰富，有效地支持了含权债券和资产支持票据（ABN）的顺利发行。农业银行于2019年5月创设1只以含投资者回售选择权的中期票据为标的债务的信用风险缓释凭证，并结合投资人的实际信用风险缓释需求，探索含权债券搭配信用风险缓释凭证的业务模式。国泰君安证券、上海银行、中金公司和光大银行先后创设4只以ABN为标的债务的信用风险缓释凭证，实际创设名义本金总计2.89亿元，支持ABN发行规模为11.26亿元。这些ABN发起机构均为民营企业，通过搭配信用风险缓释凭证的模式，吸引中低风险偏好投资人认购标的债务，有效解决结构化产品部分级别认购难的问题，以创新模式探索缓解民营企业融资困难。

3. 发布境内市场首个CDS指数

2019年12月26日，中国外汇交易中心、上海清算所、国泰君安证券联合发布并试运行"CFETS-SHCH-GTJA高等级CDS指数"，这是境内市场首个CDS指数，也是全球范围内首个立足于中国市场的CDS指数。CDS指数由于标准化程度高、透明度强、标的资产广泛且具备天然分散化的特点，在管理投资组合信用风险方面效果突出，成为国际信用衍生品市场中的重要组成部分，受到市场各方面的普遍认可。试运行高等级CDS指数并发布信用曲线，有利于进一步完善我国信用衍生品市场，强化信用风险合理定价，促进市场对信用风险的有效识别，进而实现资源有效配置，对推动实体企业融资，尤其是民营企业债务融资，落实金融市场服务实体经济具有重大意义。同时，也有助于中国与国际固定收益市场衔接，满足境外投资者信用风险管理的需求，吸引更多的境外投资者进入中国债券市场，促进债券市场对外开放。

4. 交易所市场正式推出信用保护工具

为夯实信用保护工具制度建设，推动缓解民营企业融资难问题，2019年1月18日，上海证券交易所、深圳证券交易所和中国证券登记结算有限责任公司分别联合发布《上海证券交易所　中国证券登记结算有限责任公司信用保护工具业务管理试点办法》《深圳证券交易所　中国登记结算有限责任公司信用保护工具业务管理试点办法》，明确了信用保护工具业务的主要内容。此后，又相继发布《上海证券交易所信用保护工具交易业务指引》《上海证券交易所信用保护工具交易业务指南》《深圳证券交易所信用保护工具业务指引》《深圳证券交易所信用保护工具业务指南第1号——信用保护合约》等配套规则，进一步细化信用保护工具管理要求，明确信用保护合约业务各环节操作流程，有效指导投资者参与交易所信用保护工具业务，推进相关业务常规化开展。12月6日，在前期信用保护合约稳健运行基础上，上海证券交易所发布《关于开展信用保护凭证业务试点的通知》，推出信用保护凭证的试点。

（三）发展展望

2020年，将继续推动信用风险缓释工具产品的应用，优化细化信用风险缓释凭证等交易结算相关机制，提高市场流动性，促进信用风险定价的准确度。信用衍生品市场产品序列将不断完善，切实有效发挥信用风险分散分担的产品功能，进一步支持实体企业债券融资。

五、汇率衍生品市场

（一）运行情况

2019年，银行间汇率衍生品市场成交17.4万亿美元，同比微增0.5%。其中，人民币汇率衍生品成交17.1万亿美元，同比下降0.8%；外币对衍生品成交0.31万亿美元，同比增长260.0%。人民币外汇远期、掉期、货币掉期、期权以及外币对远期成交量不同程度下滑，外币对掉期、货币掉期和期权成交量有所上升。

银行间汇率衍生品市场参与主体进一步增加。截至2019年末，人民币外汇远期、掉期、货币掉期、期权会员分别为245家、239家、197家和146家，较上年末分别增加33家、32家、22家和22家；外币对市场会员208家，较上年末增加21家。

（二）运行的主要特点

1. 交易活跃度小幅下降

2019年，人民币汇率衍生品市场各品种的交易活跃度均有所下降。其中，主力品种掉期成交16.7万亿美元，同比微降0.5%；远期、货币掉期、期权分别成交760亿美元、512亿美元和5 812亿美元，同比分别下降13.2%、22.2%和4.9%。由于同期人民币外汇即期成交量有所增长，因此衍生品在银行间人民币外汇市场交易占比较上年下降1个百分点至68.3%。

2. 外汇掉期交易短期化，人民币对美元掉期点随利差走升

2019年，人民币外汇掉期交易的期限分布呈现短期化趋势。其中，隔夜交易的成交量占比为58%，较上年上升2个百分点；隔夜至1个月以内短期限交易的占比为14%，与上年基本持平；1~3个月、3~6个月中等期限交易的占比分别为10%、6%，较上年分别下降1个、上升0.2个百分点；6个月及以上长期限交易的占比为12%，较上年下降0.5个百分点。人民币对美元掉期点总体随中美利差走升，各期限掉期点全部由贴水转为升水，掉期曲线结束倒挂，重回向右上方倾斜。2019年末，隔夜、1周、1个月、3个月、6个月和1年

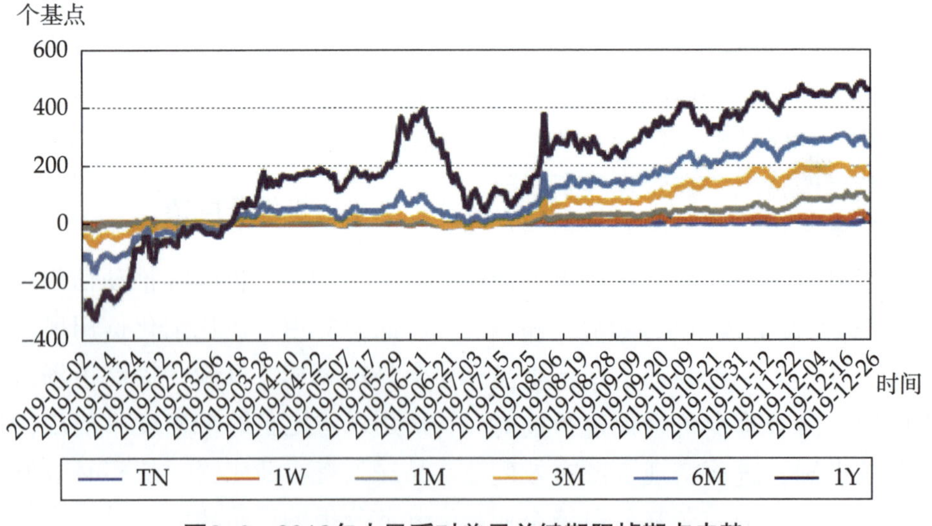

图8-8 2019年人民币对美元关键期限掉期点走势

（数据来源：中国外汇交易中心）

掉期点分别收于3个、16个、78个、163个、262个和458个基点，较上年末分别上涨4个、20个、93个、207个、377个和753个基点。

3. 外汇期权交易长期化，隐含波动率数度冲高回落

2019年，人民币外汇期权交易的期限分布呈现长期化趋势。其中，1个月以内短期限交易的成交量占比为46%，较上年下降9个百分点；1个月至1年中等期限交易的占比为34%，较上年上升8个百分点；1年以上长期限交易的占比为14%，与上年基本持平。期权市场基本跟随即期市场波动，隐含波动率数度冲高回落。短端波动率变化大于长端，但波动率期限结构多数时间较为扁平。在长短端波动率差值大幅拉宽后，市场情绪恢复较快，较短时间内即重新趋于一致。

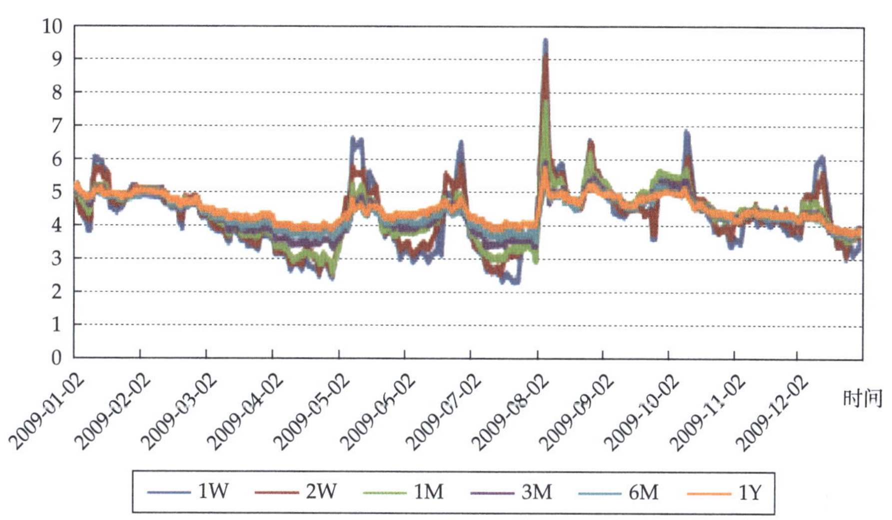

图8-9 2019年人民币对美元平价期权隐含波动率走势

（数据来源：中国外汇交易中心）

（三）创新与制度建设

1. 进一步完善交易机制

2019年4月，协商交易模式的覆盖范围由外汇期权和货币掉期进一步扩展至外汇远期和掉期，同时支持与即时通信工具（iDeal）和货币经纪服务直连，为流动性相对较弱的非标准期限和长期限产品提供了更灵活的交易方式。

2. 推出外币对期权和挂钩LPR的货币掉期交易

2019年8月17日，推出挂钩LPR的人民币外汇货币掉期交易，并于8月26日起新增5年以上LPR浮动利率基准。年内，挂钩LPR1Y和LPR5Y的货币掉期均有交易达成，累计成交名义本金共计1.6亿美元。2019年8月26日，推出外币对期权交易，进一步丰富了外币汇率风险管理工具。年内，共有18家机构累计成交外币对期权1.3亿美元。

3. 优化C-Trade系统性能

对C-Trade撮合引擎改造升级，引入高并发、低延迟的内存撮合技术，C-Trade交易、授信、行情三大接口使用效率全面提升，订单处理能力实现飞跃式提升。同时，优化了

C-Trade授信额度管理、操作风险提示等功能，进一步保障交易安全和合规。

（四）发展展望

2020年，汇率衍生品市场将继续加强市场配套机制建设，满足市场主体在人民币金融资产配置和风险管理方面的各类需求，进一步提升汇率衍生品市场的价格发现功能，提高“上海价格”的国际影响力，继续发挥汇率衍生产品的风险对冲功能，支持汇率市场化改革。

专栏 各交易模式协调发展，提升市场价格发现功能

2018年，新一代外汇交易平台CFETS FX2017上线，中国银行间外汇市场基础设施步入新时代，依托新平台，中国外汇交易中心为汇率衍生品交易提供了一揽子解决方案。

目前，银行间汇率衍生品市场支持撮合（C-Trade）、询价请求报价（RFQ）和询价协商（Negotiate）三种交易模式。在传统的请求报价（RFQ）模式下，机构发出交易请求，请求将被发送至一个或多个做市商（会员），由做市商（会员）进行回价，机构可接受或拒绝价格。在撮合模式下，交易双方基于双边授信，按照“价格优先、时间优先”原则进行订单自动匹配结合点击成交达成交易，在流动性较好的品种上较RFQ模式更为高效、便捷，报价点差也往往更低。在协商模式下，有双边授信的交易双方协商交易要素，一方发起、另一方接受则达成交易。这一灵活的执行方式辅以即时通信工具，可有效便利复杂衍生品交易。

表8-2 银行间汇率衍生品市场各品种交易模式概览

市场	产品	交易模式		
		撮合	询价请求报价	询价协商
人民币外汇市场	掉期	✓	✓	✓
	远期	✓	✓	✓
	货币掉期		✓	✓
	期权		✓	✓
外币对市场	掉期		✓	✓
	远期		✓	✓
	货币掉期		✓	✓
	期权		✓	✓
	外币利率互换		✓	✓

各交易模式协调发展，充分发挥各自特点及优势，有助于汇率衍生品市场发挥价格发现功能。目前，撮合模式在外汇掉期交易中占据主导。C-Trade系统在2019年7月完成升级后，标准期限掉期撮合成交占比稳定在60%左右，在部分活跃期限品种上占比超过70%。协商模式则在外汇期权交易中被广泛使用，通过iDeal经纪服务确认交易意向并通过协商成交的交易占比近50%。2019年4月，协商模式覆盖产品范围拓展后，非标准期限、长期限的远期和掉期交易变得更为灵活。传统的请求报价模式主要满足大额非标交易需求，是撮合和协商模式的有力补充。

六、场外大宗商品衍生品市场

（一）运行情况

上海清算所场外大宗商品衍生品中央对手清算业务已覆盖航运、黑色、有色、能源、化工、碳排放六大行业17项产品，其中，化工掉期产品已逐步成为实体企业风险管理和价格发现工具。2019年，上海清算所大宗商品衍生品中央对手清算合约数（按月拆、单边）2.45万张，全年清算金额累计达到79.56亿元，交易者数量达到712家。

从清算量分布看，全年清算的主要产品集中在化工类衍生品，清算量占总清算量的99.2%。从价格走势来看，人民币乙二醇掉期虽然全年价格基本稳定，但波动幅度较大，在下半年出现过几次价格大幅上升；人民币甲醇掉期全年价格略有震荡，整体保持稳定；人民币普氏指数铁矿石掉期价格基本稳定；人民币苯乙烯掉期全年价格波动幅度较大，整体呈现震荡下行趋势。

（二）创新与机制建设

1. 不断推进产品创新

2019年，上海清算所继续推进产品研发工作，丰富化工、黑色衍生产品序列，探索开展油气、天然气市场储备研究，同时积极研究对接大宗商品现货清算。通过构建场外大宗商品集中清算平台，上海清算所为大宗商品现货及衍生品市场提供统一专业的清算服务和风险管理服务，实现了交易、清算、结算环节的严格分离，更好地发挥市场资源配置的作用，有利于防范和化解可能出现的区域性或系统性风险，助力市场持续、规范、稳健发展。

2. 持续完善市场机制

2019年，上海清算所落实减税降费方针，降低5个化工和铁矿石掉期产品的收费标准，有效减少相关企业的成本支出，服务实体经济发展。推进保证金跨期限、跨品种对冲项目研发，完善精细化风险管理制度，实现以参与者投资组合为单位收取保证金，切实降低参与者资金占用成本。持续推进有偿报价机制，对机制进行优化并推进实施，持续监测报价情况并组织远期报价成员沟通会，提高报价成员的整体报价能力，提升远期价格曲线的有效性。

（三）发展展望

2020年，场外大宗商品衍生品市场将继续推进产品创新，完善业务机制。进一步完善以人民币计价、清算、结算的中央对手清算业务，推动建立“大宗商品清算通”业务模式，丰富大宗商品衍生品产品序列，提高市场流动性，促进业务可持续发展。不断完善风险管理制度，积极推出跨期限、跨产品保证金对冲功能，推动场外大宗商品衍生品市场持续发展。

专题十 沪深300股指期权

党的十九届四中全会和中央经济工作会议提出要加强资本市场基础制度建设。推动股指期权市场建设与发展，是资本市场基础制度建设的一项重要任务。根据中国证监会全面深化资本市场改革工作的总体安排，2019年12月23日，经中国证监会批准，遵循产品“高标准，稳起步，控风险”的原则，中金所正式开展沪深300股指期权上市交易。

推出股指期权、建设风险管理市场，是加强资本市场基础制度建设的重要一环；对于丰富资本市场风险管理工具，促进市场健康发展，维护市场稳定具有重要意义；在上海推出股指期权，进一步夯实了上海金融市场基础设施建设，是进一步加快以人民币金融市场和资产管理为基础的上海国际金融中心建设的具体举措。

沪深300股指期权的创新性主要有以下三点：一是沪深300股指期权是境内首只股指期权品种，是境内金融衍生品市场创新发展的全新尝试。股指期权的推出，开创了境内权益类风险管理工具新品类，填补了境内此类产品线的空白，是境内金融衍生品市场创新发展的全新尝试，对于完善资本市场风险管理体系意义重大。二是产品设计平衡好市场需求与风险防范双目标。为了服务投资者，同时有效管控风险，在规则上采取了特色设计：合约规模较大，有利于机构投资者对较大规模的股票头寸进行风险管理，降低其交易成本；合约月份覆盖一年期关键期限，满足市场对多样化、较长期限合约的需求。三是引入市场稳定机制创新模式。针对期权产品特性，设计了引导投资者理性交易的规则制度、研发了防范价格异常波动的风控机制（价格保护带），在境内衍生品市场中均是较为创新的市场稳定机制。

2020年春节后，受新冠肺炎疫情及国际金融市场波动影响，境内股票市场行情波动加大，沪深300股指期权在市场稳定运行的基础上，风险管理功能逐步显现。作为下跌“保险”的看跌期权，春节以后成交占比、持仓占比持续走高，体现出投资者对现货资产进行“保险”的意识增强，股指期权有效满足了市场的避险需求。此外，从沪深300波动率指数的运行情况来看，波动率指数行情变化较为有效，其在市场情绪表征、波动风险的度量以及对行情波动预警等方面的功能也初步显现。

专题十一 我国第4个对外开放期货品种——20号胶期货上市

2019年8月12日，20号胶期货在上期能源挂牌交易，这是继原油、铁矿石和PTA期货之后，我国第4个对外开放期货品种。

上市20号胶期货，服务我国橡胶工业的发展，有利于我国期货市场对外开放，进一步扩大我国天然橡胶期货市场影响力。

20号胶期货采用“国际平台、净价交易、保税交割、人民币计价”的模式，体现了国际惯例，符合中国期货市场特色，满足了市场的广泛需求。上期能源通过制定20号胶质量标准、采用交割商品注册制度，广泛吸引境内外优质商品注册，引导市场优质资源进入期货市场。

上市以来，20号胶期货与天然橡胶期货、国内现货价差稳定，与国际市场良性互动，期货功能逐渐发挥。从上市至2020年2月28日，20号胶期货运行132个交易日，成交152.61万手和1 594.47亿元，日均成交1.16万手和12.08亿元，日均持仓3.12万手，期末持仓2.98万手。20号胶期货价格反映了境内外市场的供求关系变化，有效性得到市场认可；国际现货贸易开始尝试采用20号胶期货价格作为定价基准。

专题十二 全球首个不锈钢期货上市，助力钢铁产业风险管理

2019年9月25日，不锈钢期货在上海期货交易所正式挂牌交易，进一步丰富了我国黑色金属期货产品体系，为不锈钢行业企业管理风险提供了重要工具。

一、推出不锈钢期货的意义

我国不锈钢行业在全球占据重要地位。2006年，我国不锈钢粗钢产量达到530万吨，此后，我国一直是全球最大的不锈钢生产国和消费国，2018年粗钢产量和消费量分别占全球的52.7%和46.2%，2019年粗钢产量和消费量分别为2 940.0万吨和2 405.33万吨，同比分别增长10.08%和9.19%。但是，在产销规模全球第一的背景下，我国不锈钢行业也面临着集中度低、产能过剩、价格波动大等不利影响。一是行业市场化程度高，生产与消费均较为分散，2019年不锈钢冷轧生产企业CR10（前十名集中度）约为56%，直供比例不到30%。二是伴随近年来持续的产能扩张，行业出现产能相对过剩的趋势，利润有所下滑。三是我国人均不锈钢保有量偏低，需求价格弹性较高，原料与成品价格波动较大。

在此背景下，上市不锈钢期货对促进不锈钢行业高质量发展与平稳运行十分重要，一方面，提供了高效的价格风险管理工具，有助于企业转移价格风险、锁定成本利润、稳定生产经营；另一方面，参与者众多、交投活跃的期货市场有助于形成公开、公平的定价机制，为市场提供有效的价格参考。

二、不锈钢期货的主要创新点

一是全球首发上市，填补了全球市场缺少特钢类金融衍生工具的空白，有助于强化我国钢材期货在全球市场的价格影响力。

二是开辟了大宗商品市场新蓝海。不锈钢是中高端钢材的代表，在我国推动经济高质量发展和消费升级的大趋势下，不锈钢期货前景广阔，并将助力不锈钢市场的整体发展。

三是制定了统一、可量化的表面质量和包装技术要求，填补了行业标准中缺少可执行的表面质量和包装技术要求的空白，有利于减少质量纠纷，促进行业技术升级。

四是制定交割规格要求，贴近现货市场需求。不锈钢期货规则对卖方交割不锈钢制定了厚度和宽度规格要求，有利于提高买方参与交割的积极性，并防止期货价格偏离现货，增强期货价格发现能力。

三、不锈钢期货市场运行的主要特点

截至2020年2月28日，不锈钢期货已上市运行五个月，市场整体平稳，市场参与者稳步增加，期货功能逐步显现。

一是运行平稳，成交、持仓稳步上升。截至2020年2月28日，累计成交108.1万手和770.3亿元，主力合约持仓5.4万手，各类市场参与者稳步增加，法人客户持仓占比达75%。

二是价格发现功能逐渐显现。上市至今不锈钢期货与国内现货价格相关系数为

0.927，期现联动良好，期货价格充分反映了市场供需，基差保持在合理水平。

三是交割顺利完成。首个合约SS2002顺利完成交割，共交割1 860吨，交割金额2 446万元，切实服务了实体经济。

附录一　2019年中国金融市场发展大事记

1月4日，人民银行决定于2019年1月下调金融机构存款准备金率1个百分点以置换部分中期借贷便利。

1月11日，中央国债登记结算有限责任公司与中国金融期货交易所联合启动债券作为期货保证金业务适用范围扩大事宜，明确自1月21日起，将业务适用范围由国债期货扩大至中金所全部金融期货品种。

1月11日，上海证券交易所正式发布实施《上市公司回购股份实施细则》。

1月18日，证监会发布《公开募集证券投资基金投资信用衍生品指引》，指引自发布日起实施。同日，沪深两大交易所联合中国证券登记结算有限责任公司发布《信用保护工具业务管理试点办法》及配套规则。

1月18日，沪深两大交易所发布了《关于股票质押式回购交易相关事项的通知》，并自发布之日起正式实施。

1月24日，人民银行宣布创设央行票据互换工具，为银行发行永续债提供流动性支持。2月20日人民银行开展了首次央行票据互换操作，费率为0.25%，操作量为15亿元，期限1年。

1月24日，银保监会决定放开限制，允许保险机构投资商业银行发行的无固定期限资本债券。

1月25日，中国银行在银行间债券市场成功发行400亿元无固定期限资本债券，首单无固定期限资本债券正式推出。

1月28日，人民银行营业管理部发布公告，对美国标普全球公司在北京设立的全资子公司——标普信用评级（中国）有限公司予以备案。同日，银行间市场交易商协会公告接受标普信用评级（中国）有限公司进入银行间债券市场开展债券评级业务的注册。标普获准正式进入中国开展信用评级业务。

1月28日，证监会正式批复上海期货交易所为“合格中央对手方”。

1月28日，天然橡胶、棉花和玉米期权合约分别在上海期货交易所、郑州商品交易所和大连商品交易所正式挂牌交易。

1月30日，证监会发布《关于在上海证券交易所设立科创板并试点注册制的实施意见》。

1月31日，彭博公司正式确认将于2019年4月起将中国债券纳入彭博巴克莱债券指数，并将在20个月内分步完成，金融市场对外开放取得新进展。

2月12日，人民银行、国家外汇管理局联合印发《境内上市公司外籍员工参与股权激励资金管理办法》。

2月20日，广东省在深圳证券交易所成功发行全国首单含权地方政府债券。

2月21日，全国首单面向境内外（含债券通）投资者发行的企业债券——2019年第一期深圳能源集团股份有限公司绿色债券簿记建档发行取得圆满成功。

3月7日，深圳能源在深圳证券交易所成功上市“2019年第一期深圳能源集团股份有限公司绿色债券”，债券通企业债券迎来成功首发。

3月19日，美国银行有限公司上海分行成为首家美国在华非法人机构清算会员，达成首笔人民币利率互换交易业务。

3月22日，宁波市财政局、浙江省财政厅率先面向商业银行柜台市场成功发行地方政府债券。

3月27日，银保监会批准中英合资恒安标准人寿保险有限公司筹建国内首家外资养老保险公司——恒安标准养老保险有限责任公司。

3月29日，河北交通投资集团公司2019年非公开发行公司债券通过上海证券交易所挂牌条件确认。本次公司债券募集资金50亿元，其中15亿元用于雄安新区荣乌高速新线、新机场至德州高速公路两条高速公路建设，成为交易所市场首单服务于雄安新区建设的公司债券。

4月1日，中国保险行业首个国家标准《保险术语（GB/T 36687—2018）》正式实施。

4月16日，工商银行成功发行了全球首只绿色“一带一路”银行间常态化合作债券。

4月17日，中央国债登记结算有限责任公司与中国金融期货交易所共同支持首单境外投资者使用债券作为期货保证金业务落地实施，质押债券规模约0.6亿元。

4月30日，上海证券交易所、中金公司、中国结算联合发布《上海证券交易所　中国证券金融股份有限公司　中国证券登记结算有限责任公司科创板转融通证券出借和转融券业务实施细则》，并自发布之日起施行。

4月30日，红枣期货交易合约在郑州商品交易所正式挂牌交易。

5月6日，人民银行决定从2019年5月15日开始对中小银行实行较低存款准备金率，促进降低小微企业融资成本。

5月14日，人民银行发布《关于支持绿色金融改革创新实验区发行绿色债务融资工具的通知》。

5月14日，中金所发布《中国金融期货交易所风险准备金管理办法》，并自发布之日起实施。

5月15日，上海清算所为银行间首笔基于消费金融类资产支持票据的CDS交易提供逐笔清算服务。该笔交易在国泰君安证券股份有限公司与中国国际金融股份有限公司之间达成，为助力民营企业债券融资市场化运作提供创新实践。

5月20日，人民银行、证监会联合发布《关于做好开放式债券指数证券投资基金创新试点工作的通知》，拟推出以跨市场债券品种为投资标的，可在交易所上市交易或在银行间市场协议转让的债券指数公募基金。此次试点是债券市场互联互通的重要举措，有助于更好满足境内外投资者投资债券指数型产品的需求，有助于促进债券市场长远健康发展。

5月21日，人民银行宣布分三期下调服务县域的农村商业银行人民币存款准备金率至农村信用社档次。

5月23日，深圳市投资控股有限公司服务粤港澳大湾区的专项公司债券在深圳证券交易所成功发行，标志着全国首单服务粤港澳大湾区的专项公司债券正式落地。

5月24日，证监会批准中日ETF互通中方产品（简称东向ETF）的注册申请，正式推出中日ETF互通中方产品。

5月24日，沪深两大交易所分别联合中国结算发布《关于为上市期间特定债券提供转让结算服务有关事项的通知》，正式推出违约债券转让服务。

5月24日，为保护存款人和其他客户合法权益，人民银行、银保监会会同有关方面依法联合接管包商银行，接管期限为一年。

5月25日，人民银行、国家外汇管理局联合发布公告（〔2019〕第8号），公布了《存托凭证跨境资金管理办法（试行）》，并自公布之日起实施。

6月5日，经国务院批准，人民币合格境外机构投资者（RQFII）试点地区扩大到荷兰，投资额度为500亿元人民币。

6月6日，银行间交易商协会制定并发布了《非金融企业扶贫票据业务指引》及《非金融企业扶贫票据信息披露表》，于发布之日正式施行。

6月13日，上海证券交易所科创板正式开板。

6月13日，葡萄牙共和国在中国银行间债券市场成功发行首期20亿元熊猫债，这是欧元区国家首次在华发行主权熊猫债。

6月16日，全国银行间同业拆借中心发布《全国银行间同业拆借中心回购违约处置实施细则（试行）》（中汇交发〔2019〕196号），组织开展回购违约处置业务。

6月17日，沪伦通正式启动。中国证监会和英国金融行为监管局发布了沪伦通《联合公告》，原则批准上海证券交易所（以下简称上交所）和伦交所开展沪伦通。同日，上交所上市公司华泰证券股份有限公司发行的沪伦通下首只全球存托凭证（GDR）产品在伦交所挂牌交易。

6月21日，为配合科创板的顺利推出，完善资本市场融券机制，规范公募基金参与转融通证券出借业务的行为，证监会发布了《公开募集证券投资基金参与转融通证券出借业务指引（试行）》。

6月21日，富时罗素宣布将A股纳入其全球股票指数体系，并于2019年6月24日开盘时正式生效。

6月28日，全国银行间同业拆借中心发布公告，组织开展回购违约匿名拍卖业务。

7月2日，人民银行发布公告〔2019〕第11号，授权日本三菱日联银行担任日本人民币业务清算行。

7月3日，中央国债登记结算公司发布《关于优化企业债券跨市场转托管办理流程的通知》，正式推出企业债券跨市场电子化转托管业务，进一步提升了金融基础设施互联互通效率，便利市场成员开展跨市场交易融资。

7月12日，中债信用增进投资股份有限公司成功公开发行15亿元2019年无固定期限金融债券（第一期），成为全国首单非银机构无固定期限金融债券。

7月15日，上海黄金交易所正式启动白银询价期权业务。上市首日，10家市场机构参与白银询价期权，累计成交58.44吨，成交金额2.13亿元。

7月19日，中国外汇交易中心发布中汇交发〔2019〕240号，正式推出新西兰元和新加坡元拆借交易。

7月20日，国务院金融稳定发展委员会发布《关于进一步扩大金融业对外开放的有关举措》，推出11条金融业对外开放措施。

7月22日，科创板首批25家公司在上海证券交易所挂牌上市交易。

8月6日，证监会与人民银行、银保监会联合发布通知，扩大在交易所债券市场参与现券交易的银行范围。

8月9日，尿素期货合约在郑州商品交易所正式挂牌交易。

8月12日，20号胶期货合约在上海国际能源交易中心正式挂牌交易。

8月16日，上海票交所推出首期标准化票据——2019年第1期标准化票据。

8月16日，粳米期货合约在大连商品交易所正式挂牌交易。

8月26日，银行间外汇市场正式推出外币对期权交易。

9月6日，人民银行印发《金融科技（FinTech）发展规划（2019—2021年）》。

9月，首批商品期货ETF在深圳证券交易所发行上市。

9月10日，中央国债登记结算有限责任公司下属中债金融估值中心有限公司与上海保险交易所股份有限公司下属中保保险资产登记交易系统有限公司，在北京举行保险资产管理产品估值发布仪式及试用签约仪式，这标志着保险资管产品第三方估值应用实现重要突破。

9月23日，人民银行发布公告〔2019〕第18号，授权中国银行马尼拉分行担任菲律宾人民币业务清算行。

9月24日，兴业银行作为发起机构，在全国银行间债券市场成功发行“兴银2019年第四期信贷资产支持证券”，总规模55.18亿元，成为市场首单挂钩LPR为基准定价的浮动利率信贷资产证券化（ABS）产品。

9月25日，不锈钢期货合约正式在上海期货交易所挂牌交易。

9月26日，苯乙烯期货合约正式在大连商品交易所挂牌交易。

9月30日，国务院总理李克强签署国务院令，公布《国务院关于修改〈中华人民共和国外资保险公司管理条例〉和〈中华人民共和国外资银行管理条例〉的决定》，自公布之日起施行。

10月16日，人民银行、国家外汇管理局联合发布《关于进一步便利境外机构投资者投资银行间债券市场有关事项的通知》（银发〔2019〕240号），通知自2019年11月15日起实施。

10月18日，证监会发布《关于修改〈上市公司重大资产重组管理办法〉的决定》，并自发布之日起施行。

11月8日，证监会正式启动扩大股票股指期权试点工作，按程序批准上海证券交易所、深圳证券交易所上市沪深300ETF期权，中金所上市沪深300股指期权。

11月15日，工商银行全资子公司工银理财有限责任公司成为全国首家在上海黄金交易所开户的银行理财机构，工银理财同步推出首个能直接投资上海黄金交易所现货合约的黄金联动理财产品。

11月15日，证监会依法对上海华信证券有限责任公司实施风险处置，撤销华信证券的全部业务许可，并委托国浩律师（北京）事务所成立行政清理组，对华信证券进行行政清理。

11月15日，证监会发布《H股公司境内未上市股份申请“全流通”业务指引》（证监会公告〔2019〕22号）、H股“全流通”申请材料目录及审核关注要点，全面推开H股“全流通”改革。

11月25日，中央国债登记结算有限责任公司与中国金融期货交易所债券作为期货保证金业务直联系统正式上线，并成功支持当日业务顺利落地。

12月2日，外汇交易系统正式推出线上外币同业存款业务。

12月5日，中国外汇交易中心《关于发

布〈银行间人民币外汇市场交易规则〉的通知》（中汇交发〔2019〕401号），并自发布之日起实施。

12月6日，纯碱期货合约在郑州商品交易所正式挂牌交易。

12月9日，铁矿石期权合约在大连商品交易所正式挂牌交易。

12月16日，银行间市场清算所股份有限公司与中国外汇交易中心正式推出外币回购业务。银行间外币货币市场参与者可使用上海清算所托管债券作为抵押品，通过交易中心外汇交易平台达成外币回购交易，上海清算所将为外币回购市场参与者提供清算结算和抵押品管理相关服务。

12月16日，PTA、甲醇期权合约正式在郑州商品交易所挂牌交易。

12月17日，上海证券交易所首批信用保护凭证落地，共4单合计名义本金1.33亿元，有效支持债券融资44.6亿元。

12月18日，沪深300股指期权合约在中金所上市。

12月20日，人民银行发布公告〔2019〕第29号，扩大为澳门银行办理人民币清算业务的范围。

12月20日，黄金期权合约在上海期货交易所正式挂牌交易。

12月20日，银保监会批准东方汇理资产管理公司和中银理财有限责任公司在上海合资设立首家外方控股理财公司。

12月23日，首只跨市场ETF期权产品——沪深300ETF期权合约沪深两大交易所正式上市交易。

12月27日，银行间交易商协会制定并发布了《银行间债券市场非金融企业债务融资工具违约及风险处置指南》《银行间债券市场非金融企业债务融资工具受托管理人业务指引（试行）》及其配套文件、《银行间债券市场非金融企业债务融资工具持有人会议规程（修订稿）》，于当日正式发布实施。

12月28日，人民银行就存量浮动利率贷款的定价基准转换为LPR有关事宜发布公告〔2019〕第30号。

12月31日，中国结算和深圳证券交易所联合发布了《H股“全流通”业务实施细则》，自当日起施行。

附录二 中国金融市场统计

附表1 2000—2019年主要宏观

项目	2000年	2001年	2002年	2003年	2004年	2005年	2006年	2007年	2008年
国内生产总值（GDP）	99 215	109 655	120 333	135 823	159 878	184 937	216 314	265 810	314 045
增长率/%	8.4	8.3	9.1	10.0	10.1	10.4	12.7	14.2	9.6
进出口总额/亿美元、亿元	4 743	5 097.7	6 208	8 512	11 547	14 221	17 607	21 738	25 616
增长率/%	31.5	7.5	21.8	37.1	35.7	23.2	23.8	23.5	17.8
出口/亿美元、亿元	2 492	2 661	3 256	4 384	5 934	7 620	9 690	12 205	14 307
进口/亿美元、亿元	2 251	2 436.1	2 952	4 128	5 614	6 601	7 915	9 561	11 326
外汇储备/亿美元	1 655.7	2 121.7	2 864	4 033	6 099	8 189	10 663	15 282	19 460
外商直接投资/亿美元	408	468.5	527	535	606	603	694.7	747.7	924
财政收入/亿元	13 380.1	16 371	18 914	21 691	26 355.9	31 628	38 760.2	51 304	61 330
财政支出/亿元	15 879.4	18 844	22 012	24 607	28 360.8	33 708.1	40 222.7	49 565.4	62 593
赤字或盈余/亿元	−2 499.3	−2 473	−3 098	−2 916	−2 004.9	−2 080.1	−1 462.5	1 738.6	−1 263
货币供应量（M2）/亿元	134 610.3	158 301.9	185 007	221 222.8	254 107	296 040.1	345 577.9	403 401.3	475 166.6
增长率/%	12.3	17.6	16.9	19.6	14.9	16.5	16.7	16.7	17.8
货币供应量（M1）/亿元	53 147.2	59 871.6	70 822	84 118.6	95 969.7	107 279.9	126 028.1	152 519.2	166 217.1
增长率/%	15.9	12.7	18.3	18.8	14.1	11.8	17.5	21.0	9.0
货币供应量（M0）/亿元	14 652.7	15 688.8	17 278	19 746	21 468.3	24032.8	27 072.6	30 334.3	34 218.96
增长率/%	8.9	7.1	10.1	14.3	8.7	11.9	12.6	12.0	12.8
城镇居民人均可支配收入/元	6 280	6 859.6	7 703	8 500	9 422	10 493	11 759	13 786	15 781
实际增长率/%	6.4	8.5	13.4	9.0	7.7	9.6	10.4	12.2	8.4
农村居民人均纯收入/元	2 253	2 366	2 475.6	2 622	2 936	3 255	3 587	4 140	4 761
实际增长率/%	2.1	4.2	4.8	4.3	6.8	6.2	7.4	9.5	8.0
金融机构各项存款/亿元	123 804.4	143 617.2	170 917.4	208 055.6	241 424.3	300 208.6	348 015.6	401 051.4	478 444.2
增长率/%	13.8	16.0	19.0	21.7	16.0	24.3	15.9	15.2	19.3
金融机构各项贷款/亿元	99 371.1	112 314.7	131 293.9	158 996.2	178 197.8	206 838.5	238 279.8	277 746.5	320 048.7
增长率/%	6.0	13.0	16.9	21.1	12.1	16.1	15.2	16.6	15.2
居民消费价格指数（CPI）/%	0.4	0.7	−0.8	1.2	3.9	1.8	1.5	4.8	5.9

注：1. 根据最新公布数据有所调整往年数据。

2. 2009年以后的进出口总额、进口、出口数据以人民币计。

数据来源:国家统计局、中国人民银行、财政部。

经济金融指标（年末余额）

2009年	2010年	2011年	2012年	2013年	2014年	2015年	2016年	2017年	2018年	2019年
340 903	408 903	484 124	534 123	595 244	643 974	689 052	743 585	832 036	919 281	990 865
9.2	10.6	9.5	7.7	7.8	7.3	7.0	6.8	6.9	6.7	6.1
22 073	201 723	236 402	244 160	258 168	264 242	245 503	243 386	278 099	305 010	315 505
−13.9	34.7	17.2	3.2	5.7	2.39	−7.0	−0.9	14.2	9.7	3.4
12 016	107 023	123 241	129 359	137 131	143 884	141 167	138 419	153 309	164 129	172 342
10 059	94 700	113 161	114 801	121 037	120 358	104 336	104 967	124 790	140 881	143 162
23 992	28 473	31 811	33 116	38 213	38 430	33 304	30 105	31 399	30 727	31 079
900	1 057	1 160	1 117	1 176	1 196	1 263	1 260	1 310	1 350	1 381
68 518	83 102	103 874	117 254	129 210	140 370	152 269	159 605	172 593	183 360	190 382
76 300	89 874	109 248	125 953	140 213	151 662	175 768	188 793	203 330	220 906	238 874
−7 782	−6 772	−5 374	−8 699	−11 003	−11 312	−23 499	−29 188	−30 734	−37 546	−48 492
606 223.6	725 851.79	851 590.9	974 148.8	1 106 524.98	1 228 374.81	1 392 278.11	1 550 066.67	1 676 768.54	1 826 744.22	1 986 488.82
27.6	19.7	13.5	14.4	13.6	11.0	13.3	11.4	8.2	8.1	8.7
220 004.5	266 621.54	289 847.7	308 664.2	337 291.05	348 056.41	400 953.44	486 557.24	543 790.15	551 685.91	576 009.15
32.4	21.2	7.9	6.5	9.3	3.2	15.2	21.4	11.8	1.5	4.4
38 245.97	44 628.17	50 748.46	54 659.77	58 574.44	60 259.53	63 216.58	68 303.87	70 645.6	73 208.4	77 819.47
11.8	16.7	13.8	7.7	7.1	2.9	4.9	8.1	3.4	3.6	5.4
17 175	19 109	21 810	24 565	26 955	28 844	31 195	33 616	36 396	39 251	42 359
9.8	7.8	8.4	12.6	9.7	6.8	6.6	5.6	8.3	7.8	5.0
5 153	5 919	6 977	7 917	8 896	9 892	11 422	12 363	13 432	14 617	16 021
8.5	10.9	11.4	13.5	9.3	11.2	7.5	6.2	7.3	8.8	9.6
612 005.1	733 382.03	826 701.35	943 102.27	1 070 587.72	1 173 734.59	1 397 752.11	1 555 247.07	1 692 727.15	1 825 158.24	1 981 642.58
27.9	19.8	12.7	14.1	13.5	9.6	19.1	11.3	8.8	7.8	8.6
425 622.6	509 225.95	581 892.5	672 874.61	766 326.64	867 867.89	993 459.69	1 120 551.79	1 256 073.74	1 417 516.44	1 586 020.56
33.0	19.6	14.3	15.6	13.9	13.3	14.5	12.8	12.1	12.9	11.9
−0.7	3.3	5.4	2.6	2.6	2.0	1.4	2.0	1.6	2.1	2.9

附表2 2000—2019年新增本外币

项目	2000年	2001年	2002年	2003年	2004年	2005年	2006年	2007年	2008年
金融机构各项存款	123 804	143 617.2	170 917.4	208 055.6	241 424.3	300 208.6	348 015.6	401 051.4	478 444.21
比上年年末增长	13.8	16.0	19.0	21.7	16.0	24.3	15.9	15.2	19.3
其中：城乡居民储蓄	64 332.4	73 762.4	86 910.7	103 617.7	119 555.4	147 053.7	166 616.2	176 213.3	221503.47
比上年年末增长	7.9	14.7	17.8	19.2	15.4	23.0	13.3	5.8	25.7
企业存款	44 093.7	51 546.6	60 028.6	72 487.1	84 669.5	101 750.6	118 851.7	144 814.1	164 385.79
比上年年末增长	18.6	16.9	16.5	20.8	16.8	20.2	16.8	21.8	13.5
金融机构各项贷款	99 371.1	112 314.7	131 293.9	158 996.2	178 197.8	206 838.5	238 279.8	277 746.5	320 048.68
比上年年末增长	6.0	13.0	16.9	21.1	12.1	16.1	15.2	16.6	15.2
其中：短期贷款	65 748.1	67 327.2	76 822.4	87 397.9	90 808.3	91 157.5	101 698.2	118 898	128 571.47
比上年年末增长	2.9	2.4	14.1	13.8	3.9	0.4	11.6	16.9	8.1
中长期贷款	27 931.2	39 238.1	51 731.6	67 251.7	81 010.1	92 940.5	113 009.8	138 581	164 160.42
比上年年末增长	16.5	40.5	31.8	30.0	20.5	14.7	21.6	22.6	18.5

数据来源：中国人民银行。

存贷款构成及增长率（年末余额）

单位：亿元、%

2009年	2010年	2011年	2012年	2013年	2014年	2015年	2016年	2017年	2018年	2019年
612 005.1	733 382.03	826 701.35	943 102.27	1 070 587.72	1 173 734.59	1 397 752.11	1 555 247.07	1 692 727.15	1 825 158.24	1 981 642.58
27.9	19.8	12.7	14.1	13.5	9.6	19.1	11.3	8.8	7.8	8.6
264 756.9	307 166.39	357 901.58	415 549.87	471 090.18	512 790.14	551 928.92	606 522.23	651 983.38	724 438.51	821 296.39
19.5	16.0	16.5	16.1	13.4	8.9	7.6	9.9	7.5	11.1	13.4
224 360	252 960.27	423 086.61	478 730.2	541 793.87	591 069.28	455 208.83	530 895.41	571 640.83	589 104.74	621 147.01
36.5	12.7	67.3	13.2	13.2	9.1	−22.9	16.6	7.7	3.1	5.4
425 622.6	509 225.95	581 892.5	672 874.61	766 326.64	867 867.89	993 459.69	1 120 551.79	1 256 073.74	1 417 516.44	1 586 020.56
33.0	19.6	14.3	15.6	13.9	13.3	14.5	12.8	12.1	12.9	11.9
151 390.7	171 236.64	217 480.1	268 152.19	311 771.97	336 371.27	359 190.66	371 286.36	405 492.17	432 776.46	462 715.17
17.7	13.11	27	23.3	16.3	7.9	6.8	3.4	9.2	6.7	6.9
235 591.3	305 127.55	333 746.51	363 894.22	410 345.5	471 818.36	537 832.55	634 209.87	750 130.12	854 188.75	971 567.92
43.5	29.5	9.4	9.0	12.8	15	14	17.9	18.3	13.9	13.7

附表3 2006—2019年贷款余额、债券存量、股票市值与GDP的比例

单位：亿元、%

年份	GDP	贷款余额	贷款余额/GDP	债券存量	债券存量/GDP	股票总市值	股票总市值/GDP
2006	216 314	238 280	110.2	92 740	42.9	89 404	41.3
2007	265 810	277 747	104.5	124 470	46.8	327 140.9	123.1
2008	314 045	320 049	101.9	151 648	48.3	121 366.4	38.6
2009	340 903	425 623	124.9	176 430	51.8	243 939.12	71.6
2010	397 983	509 226	128	205 481	51.6	265 422.59	66.7
2011	471 564	581 893	123	223 786	47.5	214 758.1	45.5
2012	519 470	672 875	130	262 058	50.4	230 357.6	44.3
2013	568 845	766 327	135	296 165	52.1	239 077.2	42
2014	636 463	867 868	136	355 778	55.9	372 546.92	59
2015	676 708	993 460	147	478 978	70.8	531 304.2	78.5
2016	744 127	1 120 552	151	636 614	85.6	508 245.11	68.3
2017	827 122	1 256 074	152	740 098	89.5	567 475.37	68.6
2018	900 309	1 417 516	157	870 016	96.6	434 924	48.3
2019	990 865	1 586 021	160	991 043	100	483 461.26	48.8

注：1. 贷款余额指金融机构本外币各类贷款；

2. 债券存量包括银行间债券托管数和交易所债券托管数在内的总托管量。

数据来源：中国人民银行、中国证监会。

附表4 2010—2019年社会融资增量结构

单位：万亿元

年份	融资增量总额	人民币贷款	外币贷款	委托贷款	信托贷款	未贴现银行承兑汇票	企业债券净融资	非金融企业境内股票融资	其他
2010	13.94	7.86	0.49	0.88	0.39	2.34	1.11	0.58	0.29
2011	12.83	7.47	0.57	1.3	0.2	1.03	1.37	0.44	0.45
2012	15.76	8.20	0.92	1.28	1.28	1.05	2.26	0.25	0
2013	17.29	8.89	0.58	2.54	1.84	0.78	1.8	0.22	0
2014	16.41	9.78	0.36	2.51	0.52	−0.13	2.43	0.44	0
2015	15.29	11.27	−0.64	1.59	0.04	−1.06	2.82	0.76	0
2016	17.8	12.4	−0.56	2.18	0.86	−1.95	3	1.24	0.6
2017	19.44	13.84	0.0018	0.77	2.26	0.54	0.45	0.87	0.71
2018	19.26	15.67	−0.4203	−1.61	−0.69	−0.63	2.49	0.36	4.1
2019	25.67	16.88	−0.1274	−0.9396	−0.3467	−0.4755	3.34	0.3478	6.18

数据来源：中国人民银行。

附表5　1997—2019年银行间同业拆借与债券回购成交情况

单位：亿元

年份	拆借	质押式回购交易额	买断式回购交易额
1997	8 298	310	—
1998	1 978	1 021	—
1999	3 291	3 957	—
2000	6 728	15 785	—
2001	8 082	40 133	—
2002	12 107	101 885	—
2003	24 113	117 203	—
2004	14 556	93 105	1 263
2005	12 783	156 784	2 223
2006	21 503	263 021	2 892
2007	106 466	440 672	7 253
2008	150 492	563 830	17 376
2009	193 505	677 007	25 891
2010	278 684	846 533	29 402
2011	334 412	966 650	27 885
2012	467 044	1 366 174	50 966
2013	355 190	1 519 757	61 882
2014	376 626	2 124 191	120 035
2015	642 135	4 324 109	253 528
2016	959 131	5 682 693	330 335
2017	789 811	5 882 607	281 077
2018	1 392 987	7 086 726	140 036
2019	1 516 372	8 100 887	96 427

数据来源：中国外汇交易中心。

附表6 2000—2019年银行间同业拆借成员变化

单位：家

年份	银行	证券公司	保险公司	信托公司	财务公司	租赁公司	农村信用联社	城市信用社	资产管理公司	汽车金融公司	消费金融公司	其他	总计
2000	232	14	—	—	20	—	148	—	—	—	—	3	417
2001	246	18	—	—	25	—	198	—	—	—	—	3	490
2002	261	41	—	—	25	—	202	4	—	—	—	3	536
2003	289	56	—	—	32	—	229	10	—	—	—	1	617
2004	309	64	—	—	35	—	236	11	—	—	—	1	656
2005	323	66	—	—	38	—	239	12	—	—	—	1	679
2006	339	53	—	—	46	—	250	15	—	—	—	0	703
2007	326	56	—	3	49	—	267	16	—	—	—	0	717
2008	340	58	—	16	55	4	298	13	2	2	—	0	788
2009	348	65	6	26	68	6	320	9	3	3	—	0	854
2010	347	68	6	30	72	11	338	8	3	5	—	0	888
2011	347	70	7	38	77	11	369	7	4	6	—	1	937
2012	359	77	7	39	81	16	422	7	5	8	—	1	1 022
2013	368	82	9	45	98	16	482	7	5	9	—	1	1 122
2014	349	87	10	54	129	17	547	7	5	13	—	1	1 219
2015	355	90	15	57	154	20	661	7	5	16	—	2	1 382
2016	390	95	31	62	180	24	916	0	8	17	—	2	1 725
2017	497	96	43	62	213	40	973	0	8	21	3	2	1 958
2018	573	97	52	62	226	54	1017	0	8	23	8	3	2 123
2019	1 338	102	53	66	236	66	282	0	9	24	13	1	2 190

数据来源：全国银行间同业拆借中心。

附表7　2003—2019年票据市场情况

单位：万亿元

年份	累计签发商业票据发生额	累计贴现发生额
2000	0.74	0.64
2001	1.28	1.55
2002	1.61	2.31
2003	2.77	4.44
2004	3.42	4.71
2005	4.45	6.75
2006	5.43	8.49
2007	5.87	10.11
2008	7.09	13.51
2009	10.27	23.16
2010	12.2	48.60
2011	15.1	25
2012	17.9	31.6
2013	20.3	45.7
2014	22.1	60.7
2015	22.4	102.1
2016	18.1	84.5
2017	17.0	40.3
2018	18.28	27.33
2019	20.4	34.3

数据来源：中国人民银行。

附表8 2006—2019年债券市场现券与期货交易情况

单位：亿元、%

年份	银行间市场				交易所市场			
	现券交易额	同比增长	柜台交易额	同比增长	现券交易额	同比增长	国债期货交易额	同比增长
2006	102 558.6	70.55	42.8	-34.86	1 977.83	—	—	—
2007	156 038.21	52.15	35.7	-16.59	2 051.75	3.74	—	—
2008	371 082.7	137.82	30.4	-14.85	4 294.73	109.32	—	—
2009	472 646.43	27.37	62.8	106.58	4 659.86	8.5	—	—
2010	640 418.98	35.5	41.7	-33.6	5 832.26	25.16	—	—
2011	636 422.9	-0.62	27.89	-33.12	6 839.9	17.28	—	—
2012	751 952.83	18.15	14.99	-46.25	9 852.7	44.05	—	—
2013	416 106.44	-44.66	18.72	24.88	17 387.6	76.48	3 063.89	—
2014	403 565.2	-3	71.7	283.01	27 874.4	60.31	8 785.17	186.73
2015	867 370.1	114.9	109.3	52.4	33 994.6	22	60 106.8	584.18
2016	1 270 918.3	46.5	87.6	-19.8	51 269.9	50.8	89 013.6	48.09
2017	1 028 351.7	-19.1	245	179.7	55 597.0	8.4	140 849.1	58.23
2018	1 507 367.9	46.6	1 320.3	438.9	59 282.6	6.6	103 819.3	-26.77
2019	2 087 499.4	41.8	175.5	-1.3	83 530.2	40.9	148 158.3	40.71

数据来源：中国人民银行。

附表9 2019年债券市场现券交易情况

单位：亿元、%

时间	银行间债券市场					交易所债券市场		
	现券交易额	同比增长	银行间债券总指数	柜台市场交易额	同比增长	现券交易额	同比增长	上证国债指数
2019年1月	149 132.8	61.4	118.01	319.1	464.1	6 991.7	30.9	101.59
2019年2月	108 316.7	102.9	117.71	227.6	383.2	4 706.5	42.3	101.58
2019年3月	175 756.9	78.3	117.68	276.5	145.6	7 418.5	26.3	101.66
2019年4月	175 949.2	89.8	116.56	207.0	189.0	7 509.0	76.7	101.35
2019年5月	185 456.3	59.8	117.01	144.5	113.1	7 012.1	44.9	101.37
2019年6月	155 726.6	34.7	117.30	287.0	144.8	6 353.9	56.5	101.54
2019年7月	190 479.9	37.5	117.59	185.1	45.4	7 635.0	43.0	101.64
2019年8月	200 389.3	21.0	118.00	222.2	45.1	7 513.1	44.7	101.92
2019年9月	190 736.3	29.7	117.81	177.7	58.3	6 835.1	43.4	101.94
2019年10月	168 738.4	25.7	117.24	139.1	14.8	5 694.7	31.9	101.78
2019年11月	213 722.1	18.6	117.82	167.5	40.1	7 140.8	25.9	101.90
2019年12月	173 095.1	29.2	118.24	175.5	-1.3	8 720.1	37.7	102.07
合计	2 087 499.6	38.5	—	2 528.8	91.5	83 530.5	40.9	—

注：银行间债券总指数指中债银行间债券总净价指数（总值）月末收盘值，上证国债指数指上证国债净价月末收盘值。

数据来源:中国人民银行、中央国债登记结算有限责任公司、上海证券交易所、中国外汇交易中心。

附表10 债券市场发行基本情况

单位：亿元

年份	政府信用债			政府支持机构债	央行票据	金融债券				同业存单	公司信用类债券				资产支持证券	国际机构债券	标准化票据	总计
	国债	地方政府债	小计			国开行及政策性银行债	券商短融	其他金融债	小计		非金融企业债务融资工具	企业债券	公司债券	小计				
2004	7 318.8	0	7 318.8	0	17 037	4 348	0	748.8	5 096.8	—	0	326	209	535	—	—	—	299 876
2005	7 042	0	7 042	0	27 882	6 051.7	29	1 036.3	7 117	—	1 424	654	0	2 078	172.74	—	—	44 291.7
2006	8 883.3	0	8 883.3	0	36 574	8 980	0	525	9 505	—	2 919.5	995	142.9	4 057.4	280.01	—	—	59 299.7
2007	23 483.4	0	23 483.4	0	40 721	10 931.9	0	972.7	11 904.6	—	3 349.1	1 720	407.3	5 476.4	178.08	—	—	81 763.5
2008	8 546.3	0	8 546.3	0	42 960	10 809.3	0	974	11 783.3	—	6 075.5	2 367	976.5	9 419	302.01	—	—	73 010.6
2009	1 6213.6	2 000	18 213.6	0	39 740	11 678.1	0	3071	14 749.1	—	11 509.7	4 252	715	16 476.7	0	—	—	89 179.4
2010	17 778.2	2 000	19 778.2	1 090	46 608	13 192.7	0	979.5	14 172.2	—	11 863	3 627	1 320.3	16 810.3	0	—	—	98 458.7
2011	15 397.9	2 000	17 397.9	1 000	14 140	19 972.7	0	3 528.5	23 501.2	—	18 503.2	2 473.5	1 707.4	22 684.1	12.79	—	—	78 736
2012	14 360.4	2 500	16 860.4	1 500	0	21 399	561	4 233.7	26 193.7	—	26 547.2	6 499.3	2 722.8	35 769.3	224.42	—	—	80 547.8
2013	16 945	3 500	20 445	1 900	5 362	20 760.3	2 995.9	1 321	25 077.2	340	28 357.9	4 752.3	4 081.4	37 191.6	231.7	—	—	90 547.5
2014	17 047.3	4 000	21 047.3	2 100	0	22 900.5	4 246.9	5 459.5	32 606.9	8 985.6	41 217.6	6 952	3 483.8	51 653.4	3 220.63	—	—	119 613.8
2015	19 875.4	38 350.6	58 226	2 400	0	25 790.2	3 515.6	14 794.9	44 100.7	52 975.9	53 660.6	3 431	13 292.4	70 384	6 157.2	115	—	234 358.8
2016	29 457.7	60 428.4	89 886.1	2 250	0	33 529.7	1 178.6	12 717.9	47 426.2	129 931	50 297.9	5 917.7	25 770	81 985.6	8 647	1 330.4	—	361 456.3
2017	38 661.8	43 580.9	82 242.7	2 860	0	32 814.8	392	16 961	50 167.8	201 872.4	39 813.5	3 731	11 460.2	55 004.7	15 398.4	666	—	408 212
2018	35 411.0	41 651.7	77 062.7	2 530.0	0	33 681.8	1 425.0	18 302.2	53 409.0	210 832.4	57 915.9	2 404.8	16 336.7	76 657.4	18 187.5	898.6	—	439 577.6
2019	40 091	43 624.3	83 715.3	3 720.0	0	37 401.0	4 491	26 693.4	68 585.4	179 712.7	67 975.7	3 606.2	25 704.9	97 286.8	19 668.3	538.4	13.8	453 240.7

注：1.国债包括记账式国债、电子式储蓄国债。

2.其他金融债从2015年起包括银行间市场金融债券、交易所市场金融债券，资产支持证券包括银行间信贷资产支持证券、交易所资产支持证券。

3.国际机构债券指境外机构法人在境内发行的债券，发行主体包含主权机构、准主权机构、境外金融和非金融机构。

数据来源:中国人民银行。

附表11 债券市场债券托管情况

单位：亿元

年份	政府信用债			政府支持机构债及其他	央行票据	金融债券				同业存单	公司信用类债券				信贷资产支持证券	国际机构债券	标准化票据	银行间托管总量	交易所托管总量	总托管量
	国债	地方政府债	小计			国开行及政策性银行债	券商短融	其他金融债	小计		非金融企业债务融资工具	企业债券	公司债券	小计						
2006	29 048	0	29 048	30	32 300	22 836	0	2 552	25 388	0	2 667	2 832	288	5 787	188	—	—	88 910	3 830	92 740
2007	46 503	0	46 503	30	36 587	28 784	0	3 486	32 270	0	3 203	4 422	1 131	8 756	324	—	—	120 102	4 368	124 470
2008	48 753	0	48 753	30	48 121	36 720	0	4 255	40 975	0	5 875	6 803	539	13 217	551	—	—	148 100	3 548	151 648
2009	55 411	2 000	57 411	40	42 326	44 498	0	6 454	50 952	0	13 196	10 971	1 135	25 302	399	—	—	172 476	3 954	176 430
2010	62 628	4 000	66 628	1 130	40 909	51 604	0	6 662	58 266	0	20 271	14 511	3 584	38 366	182	—	—	199 019	6 462	205 481
2011	67 839	6 000	73 839	2 130	21 290	64 778	0	9 785	74 563	0	29 047	16 799	6 023	51 869	95	—	—	214 260	9 526	223 786
2012	74 236	6 500	80 736	8 532	13 440	78 582	295	13 126	92 003	0	40 327	19 310	7 441	67 078	269	—	—	250 014	12 044	262 058
2013	83 165	8 615	91 780	10 067	5 522	88 720	810	13 535	103 065	340	51 483	23 359	10 553	85 395	354	—	—	277 128	19 377	296 505
2014	91 450	11 624	103 074	11 706	4 282	99 874	1 134	17 213	118 221	59 953	67 901	29 513	12 335	109 749	2 751	—	—	329 803	25 975	355 778
2015	101 503	48 255	149 758	13 275	4 282	110 069	436	32 174	142 679	30 274	85 910	31 632	15 582	133 124	5 463	125	—	440 640	38 337	478 977
2016	114 663	106 250	220 913	14 605	60	124 070	82	42 026	166 178	62 761	87 771	35 305	42 312	165 388	6 174	531	—	563 292	73 316	636 608
2017	129 028	147 419	276 447	16 045	60	135 437	152	52 300	187 889	80 051	83 741	35 067	50 652	169 460	9 132	1 013	—	654 324	85 774	740 098
2018	143 616	180 669	324 285	17 195	59.7	144 706	460	62 447	306 472	98 859	101 968	31 133	58 437	191 538	28 917	1 550	—	763 015	107 000	870 015
2019	161 041	211 153	372 194	19 445	280	156 927	1 745	75 937	234 609	107 239	117 064	29 840	70 570	217 474	38 142	1 659	1	864 460	126 583	991 043

注：1.国债包括记账式国债、电子式储蓄国债。

2.其他金融债券包括银行间市场金融债券、交易所市场金融债券。

数据来源:中国人民银行。

附表12 2014—2019年银行间债券市场参与机构数

单位：家

机构			2014年	2015年	2016年	2017年	2018年	2019年
境内参与机构	法人类产品	存款类金融机构	1 088	1 302	1 560	1 745	1 859	2 068
		其他银行业金融机构	158	182	242	278	324	349
		证券类金融机构	169	171	179	185	189	194
		保险类金融机构	148	152	154	163	173	183
		非金融机构	278	280	274	274	274	265
		其他	7	7	21	20	23	23
		合计	1 848	2 094	2 430	2 665	2 842	3 082
	非法人类产品	证券投资基金	1 556	2 151	3 137	3 919	4 212	4 796
		企业年金	1 275	1 431	1 528	1 625	1 684	2 748
		社保基金	105	105	106	163	197	206
		保险产品	145	311	641	976	1 087	1 164
		信托产品	569	666	684	869	949	1 032
		基金公司特定客户资管组合	176	1 140	3 061	3 425	3 315	3 395
		证券公司资管计划	560	1 388	2 743	3 586	3 965	4 832
		银行理财产品	48	48	445	679	1 006	1 611
		其他	0	0	114	216	320	412
		合计	4 434	7 240	12 459	15 458	16 735	20 196
境外参与机构			180	302	407	617	1 186	2 610
合计			6 462	9 636	15 296	18 740	20 763	25 888

数据来源：中国人民银行。

附表13 银行间债券市场结算代理人名单

序号	机构名称	序号	机构名称
1	中国工商银行	26	大连银行
2	中国农业银行	27	青岛银行
3	中国银行	28	成都银行
4	中国建设银行	29	重庆银行
5	交通银行	30	河北银行
6	招商银行	31	厦门银行
7	中国民生银行	32	富滇银行
8	中国光大银行	33	晋商银行
9	中信银行	34	福建海峡银行
10	华夏银行	35	贵阳银行
11	兴业银行	36	西安银行
12	上海浦东发展银行	37	东莞银行
13	广发银行	38	哈尔滨银行
14	北京银行	39	广东顺德农村商业银行
15	恒丰银行	40	宁波银行
16	南京银行	41	常熟农村商业银行
17	上海银行	42	包商银行
18	杭州银行	43	汉口银行
19	上海市农村商业银行	44	汇丰银行（中国）有限公司
20	天津银行	45	渣打银行（中国）有限公司
21	齐商银行	46	法国巴黎银行（中国）有限公司
22	平安银行	47	德意志银行（中国）有限公司
23	齐鲁银行	48	花旗银行（中国）有限公司
24	乌鲁木齐市商业银行	49	摩根大通银行（中国）有限公司
25	长沙银行		

资料来源：中国外汇交易中心网站。

附表14　2019年度公开市场业务一级交易商名单

序号	机构	序号	机构
1	中国工商银行	26	中国农业银行
2	中国银行	27	中国建设银行
3	交通银行	28	中国邮政储蓄银行
4	国家开发银行	29	中国进出口银行
5	招商银行	30	兴业银行
6	上海浦东发展银行	31	浙商银行
7	中国光大银行	32	华夏银行
8	中信银行	33	中国民生银行
9	平安银行	34	恒丰银行
10	广发银行	35	北京银行
11	宁波银行	36	杭州银行
12	江苏银行	37	上海银行
13	徽商银行	38	南京银行
14	广州银行	39	洛阳银行
15	郑州银行	40	大连银行
16	长沙银行	41	河北银行
17	中原银行	42	厦门银行
18	青岛银行	43	九江银行
19	厦门国际银行	44	上海农村商业银行
20	广州农村商业银行	45	广东顺德农村商业银行
21	北京农村商业银行	46	重庆农村商业银行
22	渣打银行（中国）有限公司	47	汇丰银行（中国）有限公司
23	花旗银行（中国）有限公司	48	三菱日联银行（中国）有限公司
24	中信证券	49	中国国际金融
25	中债信用增进投资		

资料来源：中国人民银行。

附表15　2000—2019年股票市场统计

年份	上市公司数/家	上市总股本/亿股	市价总值/亿元	流通市值/亿元	A股筹资总额/亿元	成交金额/亿元	平均换手率/%		平均市盈率/%		投资者账户/万户
							上海	深圳	上海	深圳	
2000	1 088	3 791.7	48 090.9	16 087.5	1 415.17	60 826.6	492.9	509.1	58.2	56.0	6 123.2
2001	1 160	5 218.0	43 522.2	15 228.8	1 277.33	38 305.2	269.3	227.9	37.7	39.8	6 898.7
2002	1 224	5 875.5	38 329.1	12 484.6	738.14	27 990.5	214.0	198.8	34.4	37.0	6 841.8
2003	1 287	6 428.5	42 457.7	13 178.5	806.24	32 115.3	250.8	214.2	36.5	36.2	6 981.2
2004	1 377	7 149.4	37 055.6	11 688.6	715.53	42 333.9	288.7	288.3	24.2	24.6	7 215.7
2005	1 381	7 629.5	32 430.3	10 630.5	344.13	31 663.1	274.4	320.6	16.3	16.4	7 336.1
2006	1 434	14 897.6	89 403.9	25 003.6	2 305.86	90 468.7	541.1	671.3	33.4	33.6	7 854.0
2007	1 550	22 416.9	327 140.9	93 064.4	8 303.34	460 556.2	927.2	1 062.1	59.2	72.1	9 280.6
2008	1 625	24 522.85	121 366.44	45 213.9	3 429.29	267 113.0	392.5	—	14.86	17.13	10 449.7
2009	1 718	26 162.85	243 939.12	151 258.7	4 816.07	535 986.7	—	—	28.73	46.01	12 037.7
2010	2 063	33 184.35	265 422.59	193 110.41	10 424.74	545 633.54	—	—	21.61	44.69	13 391.04
2011	2 342	36 095.52	214 758.10	164 921.3	7 312.2	421 649.72	—	—	13.4	23.11	14 050.37
2012	2 494	38 295.0	230 357.62	181 658.26	4 558.23	314 667.41	—	—	12.3	22.01	14 054.91
2013	2 489	40 569.08	239 077.19	199 579.54	4 674.98	468 728.6	—	—	10.99	27.76	13 247.15
2014	2 613	43 610.13	372 546.96	315 624.31	8 914.31	743 912.98	—	—	15.99	34.05	14 214.68
2015	2 827	49 997.26	531 304.20	417 925.40	16 064.7	2 550 538.29	—	—	17.63	52.75	21 477.57
2016	3 052	55 820.50	508 245.11	393 266.27	21 028.16	1 267 262.64	—	—	18.94	62.36	—
2017	3 482	60 919.15	567 475.37	449 105.31	17 223.86	1 124 625.07	—	—	19.67	39.53	—
2018	3 584	57 581.02	434 924.02	353 794.19	12 107.35	901 103.17	—	—	12.45	20.00	—
2019	3 777	61 719.92	592 934.57	483 461.26	15 413.25	1 366 232.67	—	—	14.55	26.15	—

数据来源：Wind。

附表16 2000—2019年股票市场成交量和股票指数变化情况

单位：亿元

年份	成交金额	日均成交	上证综指				深证综指			
			开盘	最高	最低	收盘	开盘	最高	最低	收盘
2000	60 826.6	254.5	1 368.69	2 125.72	1 361.21	2 073.48	402.71	654.37	414.69	635.73
2001	38 305.2	159.6	2 077.08	2 245	1 515	1 645.97	636.62	664.85	439.36	475.94
2002	27 990.5	118.1	1 643.49	1 748.89	1 339.2	1 357.65	475.14	512.38	371.79	388.76
2003	32 115.3	133.25	1 347.43	1 649.6	1 307.4	1 497.04	386.61	449.42	350.74	378.63
2004	42 333.9	174.21	1 492.72	1 783.01	1 259.43	1 266.5	377.93	470.55	315.17	315.81
2005	31 663.1	130.84	1 260.78	1 328.53	998.23	1 161.06	313.81	333.27	237.18	278.75
2006	90 468.7	375.39	1 163.88	2 698.9	1 161.91	2 675.47	278.99	710.14	278.99	706.01
2007	460 556.2	1 903.12	2 728.19	6 092.06	2 612.54	5 261.56	555.26	1 567.74	547.89	1447.02
2008	267 113.0	1 085.82	5 265	5 497.9	1 706.7	1 820.81	1 450.33	1 584.39	452.33	553.08
2009	535 986.7	2 196.67	1 849.02	3 478.01	1 844.09	3 277.139	560.09	1 234.12	560.1	1 201.34
2010	545 633.54	2 254.68	3 289.75	3 306.75	2 319.74	2 808.08	1 207.33	1 412.64	890.24	1 290.87
2011	421 649.72	1 728.06	2 825.33	3 067.46	2 134.02	2 199.42	1 298.59	1 316.19	828.83	866.65
2012	314 667.41	1 294.93	2 212.00	2 460.69	1 959.77	2 269.13	871.93	1 020.29	724.97	881.17
2013	468 728.6	1 969.45	2 289.51	2 434.48	1 950.01	2 115.98	887.37	1 106.27	815.89	1 057.67
2014	743 913.0	3 036.38	2 112.13	3 239.36	1 974.38	3 234.68	1 055.88	1 504.48	1 004.93	1 415.19
2015	2 550 538.29	10 453.0	3 258.63	5 178.19	2 850.71	3 539.18	1 419.44	3 156.96	1 408.99	2 308.91
2016	1 267 262.64	5 193.7	3 536.59	3 538.69	2 638.3	3 103.64	2 304.48	2 304.49	1 618.12	1 969.11
2017	1 124 625.07	4 609.1	3 105.31	3 450.50	3 016.53	3 307.17	1 972.55	2 054.02	1 753.53	1 899.34
2018	901 103.17	3 708.24	3 314.03	3 587.03	2 449.20	2 493.90	1 903.49	1 966.15	1 212.23	1 267.87
2019	1 273 572.04	5 219.56	2 497.88	3 288.45	2 440.91	3 050.12	1 270.50	1 799.10	1 231.83	1 722.95

数据来源：中国证监会、上海证券交易所、深圳证券交易所。

附表17 银行间市场人民币外汇即期交易做市商名单

序号	机构	序号	机构
1	中国工商银行	16	上海银行
2	中国农业银行	17	南京银行
3	中国银行	18	宁波银行
4	中国建设银行	19	法国巴黎银行（中国）有限公司
5	交通银行	20	上海浦东发展银行
6	中信银行	21	星展银行（中国）有限公司
7	招商银行	22	汇丰银行（中国）有限公司
8	中国光大银行	23	蒙特利尔银行（中国）有限公司
9	华夏银行	24	花旗银行（中国）有限公司
10	广发银行	25	渣打银行（中国）有限公司
11	平安银行	26	摩根大通银行（中国）有限公司
12	兴业银行	27	摩根大通银行（中国）有限公司
13	中国民生银行	28	德意志银行（中国）有限公司
14	国家开发银行	29	瑞穗银行（中国）有限公司
15	中国邮政储蓄银行	30	三菱日联银行（中国）有限公司

资料来源：中国外汇交易中心。

附表18　1994—2019年人民币兑外币中间价

年份	美元	欧元	日元	港元	英镑	林吉特	卢布	兰特	韩元	迪拉姆	里亚尔	福林	兹罗提	丹麦克朗	瑞典克朗	挪威克朗	里拉	比索	澳元	加元	新西兰元	新加坡元	瑞士法郎
1994	844.91	—	7.78	112.66	—	—	—	—	—	—	—	—	—	—	—	—	—	—	—	—	—	—	—
1995	831.79	—	8.0703	107.6	—	—	—	—	—	—	—	—	—	—	—	—	—	—	—	—	—	—	—
1996	829.92	—	7.1613	107.19	—	—	—	—	—	—	—	—	—	—	—	—	—	—	—	—	—	—	—
1997	827.98	—	6.3627	106.81	—	—	—	—	—	—	—	—	—	—	—	—	—	—	—	—	—	—	—
1998	827.87	—	7.1719	106.78	—	—	—	—	—	—	—	—	—	—	—	—	—	—	—	—	—	—	—
1999	827.93	—	8.0933	106.51	—	—	—	—	—	—	—	—	—	—	—	—	—	—	—	—	—	—	—
2000	827.81	—	7.2422	106.06	—	—	—	—	—	—	—	—	—	—	—	—	—	—	—	—	—	—	—
2001	827.66	—	6.3005	106.06	—	—	—	—	—	—	—	—	—	—	—	—	—	—	—	—	—	—	—
2002	827.73	863.6	6.9035	106.11	—	—	—	—	—	—	—	—	—	—	—	—	—	—	—	—	—	—	—
2003	827.69	1 033.8	7.7263	106.57	—	—	—	—	—	—	—	—	—	—	—	—	—	—	—	—	—	—	—
2004	827.65	1 126.3	7.9701	106.37	—	—	—	—	—	—	—	—	—	—	—	—	—	—	—	—	—	—	—
2005	807.02	957.97	6.8716	104.03	—	—	—	—	—	—	—	—	—	—	—	—	—	—	—	—	—	—	—
2006	780.87	1 026.7	6.563	100.47	1 532.3	—	—	—	—	—	—	—	—	—	—	—	—	—	—	—	—	—	—
2007	730.46	1 066.7	6.4064	93.638	1 458.1	—	—	—	—	—	—	—	—	—	—	—	—	—	—	—	—	—	—
2008	683.46	965.9	7.565	88.189	987.98	—	—	—	—	—	—	—	—	—	—	—	—	—	—	—	—	—	—
2009	682.82	979.71	7.3782	88.048	1 097.8	—	—	—	—	—	—	—	—	—	—	—	—	—	—	—	—	—	—
2010	662.27	880.65	8.126	85.093	1 021.8	46.649	462.05	—	—	—	—	—	—	—	—	—	—	—	—	—	—	—	—
2011	630.09	816.25	8.1103	81.07	971.16	50.279	508.6	—	—	—	—	—	—	—	—	—	—	—	640.93	617.77	—	—	—
2012	628.55	831.76	7.3049	81.085	1016.1	48.865	485.28	—	—	—	—	—	—	—	—	—	—	—	653.63	631.84	—	—	—
2013	609.69	841.89	5.7771	78.623	1005.6	54.141	539.85	—	—	—	—	—	—	—	—	—	—	—	543.01	572.59	—	—	—
2014	611.9	745.56	5.1371	78.887	954.37	56.737	905.36	—	—	—	—	—	—	—	—	—	—	—	501.74	527.55	480.34	463.96	—
2015	649.36	709.52	5.3875	83.778	961.5	66.051	1131	—	—	—	—	—	—	—	—	—	—	—	472.76	468.14	444.26	458.75	640.18
2016	693.7	730.68	5.9591	89.451	850.94	64.406	869.06	196.75	17 371.0	52.938	54.062	4 247.68	60.355	101.71	131.16	124.27	50.757	298.64	501.57	514.06	483.08	479.95	679.89
2017	653.42	780.23	5.7883	83.591	877.92	62.224	881.4	189.5	16 369.0	56.212	57.397	3 973.0	53.576	95.43	126.24	126.24	57.834	301.65	509.28	520.09	463.27	488.31	667.79
2018	686.32	784.73	6.1887	87.62	867.62	60.683	1 013.83	211.19	16 327.0	53.537	54.685	4 091.61	54.732	95.17	131.34	127.74	77.151	287.02	482.5	503.81	459.54	500.62	694.94
2019	689.01	774.7	6.3828	89.608	905.74	59.236	885.06	202.69	16 618.0	52.612	53.758	4 285.15	54.983	96.47	134.65	127.7	85.049	271.62	483.34	530.69	463.88	515.4	712.67

注：1.外币兑人民币中间价取当年最后一个交易日的中间价。

2.人民币对马来西亚林吉特、俄罗斯卢布、南非兰特、韩元、阿联酋迪拉姆、沙特里亚尔、匈牙利福林、波兰兹罗提、丹麦克朗、瑞典克朗、挪威克朗、土耳其里拉、墨西哥比索汇率中间价采取间接标价法；人民币对其他10种货币汇率中间价仍采取直接标价法。

数据来源：国家外汇管理局。

附表19　1993—2019年期货市场成交情况

单位：亿元、万手

年份	商品期货市场		金融期货市场	
	成交额	成交量	成交额	成交量
1993	5 521.99	890.69	—	—
1994	31 601.41	12 110.72	—	—
1995	100 565.3	63 612.07	—	—
1996	84 119.16	34 256.77	—	—
1997	61 170.66	15 876.32	—	—
1998	36 967.24	10 445.57	—	—
1999	22 343.01	7 363.91	—	—
2000	16 082.29	5 461.07	—	—
2001	30 144.98	12 046.35	—	—
2002	39 490.16	13 943.26	—	—
2003	108 389.03	27 986.42	—	—
2004	146 935.31	30 569.76	—	—
2005	134 448.38	32 284.75	—	—
2006	210 046.34	44 947.41	—	—
2007	409 722.43	72 842.68	—	—
2008	719 141.94	136 388.71	—	—
2009	1 305 107.20	215 742.98	—	—
2010	2 269 852.69	304 194.19	821 397.94	9 147.66
2011	937 503.93	100 372.53	437 659.55	5 041.62
2012	952 862.59	134 546.42	758 406.78	10 506.18
2013	1 264 695.8	186 827.38	1 410 066.21	19 354.93
2014	1 279 712.5	228 343.25	1 640 169.73	21 758.1
2015	1 356 307.36	323 715.31	4 173 852.33	34 052.95
2016	1 774 124.99	411 943.24	182 191.10	1 833.59
2017	1 633 042.09	305 155.38	245 922.02	2 459.59
2018	1 846 960.97	300 165.53	261 222.97	2 721.01
2019	2 209 875.26	389 566.73	696 210.17	6 641.04

注：2011年起成交量以单边计算；表中数据均不含期转现交易。

数据来源：中国期货业协会。

附表20　2003—2019年黄金市场成交情况

单位：亿元、吨

年份	成交金额	成交量
2003	459.2	470.7
2004	731.0	665.3
2005	1 069.8	906.4
2006	1 947.5	1 249.6
2007	3 164.9	1 828.1
2008	8 683.9	4 457.6
2009	10 288.8	4 710.8
2010	16 157.8	6 051.5
2011	24 772.2	7 438.5
2012	21 506.3	6 350.2
2013	32 133.8	11 614.5
2014	45 891.6	18 486.7
2015	80 083.9	34 067.3
2016	130 240.6	48 676.6
2017	149 751.9	54 292.0
2018	183 046.4	67 510.3
2019	214 944.8	68 574.4

数据来源：上海黄金交易所。

附表21 2007—2019年商业银行OTC黄金业务统计

年份	成交情况	账户金		实物金			其他业务								
		美元账户金/万盎司、亿美元	人民币账户金/吨、亿元	自营/吨、亿元	代理/吨、亿元	黄金积存、定投/吨、亿元	黄金租赁/吨、亿元	黄金拆借/吨、亿元	黄金质押/吨、亿元	境内美元报价黄金远期/万盎司、亿美元	境内美元报价黄金期权/万盎司、亿美元	境内美元报价黄金掉期/万盎司、亿美元	境内人民币报价黄金远期/吨、亿元	境内人民币报价黄金掉期/吨、亿元	境内人民币报价黄金期权/吨、亿元
2007	成交量	157.68	352.71	6.09	3.96	—	33.11	1.20	—	204.93	8.48	—	—	—	—
	成交金额	11.08	607.05	11.20	7.16	—	56.40	2.31	—	11.84	0.60	—	—	—	—
2008	成交量	293.09	1 332.55	33.12	4.13	—	73.99	11.40	—	574.85	6.28	—	—	—	—
	成交金额	25.37	2 546.30	66.68	8.18	—	141.50	20.16	—	54.44	0.58	—	—	—	—
2009	成交量	579.96	1 381.16	40.73	3.43	0.54	91.29	7.56	—	162.06	2.29	—	—	—	—
	成交金额	57.34	2 923.48	89.90	7.64	1.30	191.98	15.09	—	15.98	0.22	—	—	—	—
2010	成交量	418.67	1 205.15	80.40	3.06	12.27	155.80	10.63	0.27	257.82	1.74	—	3.09	—	—
	成交金额	51.47	3 227.49	222.90	8.53	35.29	413.25	28.85	—	32.75	0.21	—	8.78	—	—
2011	成交量	447.20	1 864.40	129.50	6.16	30.30	301.30	31.99	4.56	407.04	6.06	17.99	5.09	—	—
	成交金额	72.21	6 271.71	428.50	21.49	102.18	970.55	104.92	—	64.69	0.90	2.74	17.59	—	—
2012	成交量	424.35	1 458.89	126.20	10.55	59.85	465.01	54.80	7.43	1 331.50	61.46	49.93	20.95	—	—
	成交金额	70.71	4 947.18	443.70	41.20	205.82	1 583.70	187.23	—	222.01	10.17	8.35	70.91	—	—
2013	成交量	497.26	1 864.54	198.63	24.89	298.24	947.65	407.23	39.85	991.99	146.88	524.56	29.76	18.63	—
	成交金额	70.39	5 159.69	618.25	87.76	838.09	2 656.29	1 094.43	78.96	136.48	20.39	75.63	79.86	60.86	—
2014	成交量	250.37	910.78	91.36	25.16	594.24	1 370.69	474.80	17.14	1 735.95	40.87	341.08	197.29	10.35	0.03
	成交金额	31.59	2 289.79	250.76	94.19	1 483.77	3 438.19	1 180.97	32.83	218.64	5.18	43.68	496.33	26.01	0.07
2015	成交量	377.34	1 109.83	128.18	27.54	535.02	1 582.71	849.22	27.47	2 414.39	28.74	1 314.93	737.86	309.82	0.31
	成交金额	43.95	2 609.08	321.01	100.54	1 252.41	3 739.06	2 009.87	74.63	281.36	3.37	151.75	1 767.57	7 101.86	0.74
2016	成交量	685.04	1 889.54	143.47	34.40	463.96	1 827.78	1 242.59	3.42	1 359.40	50.53	1 814.90	799.26	32.01	0.08
	成交金额	86.47	5 064.28	396.04	135.83	1 239.66	4 855.60	3 319.76	6.00	168.84	6.34	217.35	2 134.97	85.47	0.21
2017	成交量	577.48	1 951.19	101.47	27.97	378.72	1 778.05	1 216.60	0.83	707.64	73.92	3 280.59	1 074.17	98.92	1.16
	成交金额	72.87	5 344.52	288.74	117.22	1 044.04	4 901.43	3 367.16	1.66	89.45	9.28	414.87	2 982.79	277.73	3.34
2018	成交量	593.63	2 984.04	95.66	36.04	257.61	984.48	790.58	0.17	965.25	51.45	7 792.08	867.28	58.15	314.27
	成交金额	76.39	8 035.55	269.00	146.13	700.93	2 677.72	2 149.29	0.30	122.81	6.57	996.77	2 384.96	159.77	890.08
2019	成交量	758.14	3 277.63	116.05	42.74	247.01	769.12	1 448.03	0.04	475.99	40.25	9 129.24	414.16	217.02	433.44
	成交金额	107.11	10 391.20	372.13	164.67	772.06	2 355.38	4 431.75	0.07	66.39	5.63	1 258.21	1 280.18	686.48	1 381.71

注：自营、代理品牌金的成交量统计销售量和回购量；黄金积存（黄金定投）成交量统计销售量和赎回量；2007—2013年黄金租赁业务成交量统计黄金租出量和归还量，自2014年起仅统计黄金租出量；2007—2013年黄金拆借业务统计黄金拆出量和黄金拆入量，自2014年起，仅统计黄金拆出量；黄金质押统计接收质押黄金的重量。

数据来源：中国人民银行上海总部黄金市场监测分析系统。

附表22 2006—2019年利率衍生产品交易情况

单位：笔、亿元

年份	普通利率互换		标准利率互换		债券远期		标准债券远期		远期利率协议	
	交易笔数	名义本金额	交易笔数	名义本金额	交易笔数	交易量	交易笔数	交易量	交易笔数	名义本金额
2006	103	355.7	—	—	398	664.5	—	—	—	—
2007	1 978	2 186.9	—	—	1 238	2 518.1	—	—	14	10.5
2008	4 040	4 121.5	—	—	1 327	5 005.5	—	—	137	113.6
2009	4 044	4 616.4	—	—	1 599	6 556.4	—	—	27	60
2010	11 643	15 003.4	—	—	967	3 183.4	—	—	20	33.5
2011	20 202	26 759.6	—	—	436	1 030.1	—	—	3	3
2012	20 945	29 021.4	—	—	56	166.1	—	—	3	2
2013	24 409	27 277.8	—	—	1	1.01	—	—	1	0.5
2014	43 071	40 384.51	207	393	—	—	—	—	—	—
2015	64 812	82 587.33	996	5 024	83	19.6	59	17.2	—	—
2016	87 882	99 306.95	8	8	7	14.86	8	1	1	1
2017	138 404	144 057.59	0	0	15	12	0	0	0	0
2018	188 461	214 906.57	0	0	5	3.93	2 859	796.2	0	0
2019	237 654	181 394	—	—	—	—	3 891	4 368	—	—

数据来源：中国外汇交易中心。